心一堂彭措佛緣叢書

大圓滿虛空意伏藏課誦集

藏傳佛教騰龍寺佛學院 編

書名：大圓滿虛空意伏藏課誦集
系列：心一堂彭措佛緣叢書
作者：藏傳佛教騰龍寺佛學院　編
責任編輯：陳劍聰

出版：心一堂有限公司
地址/門市：香港九龍尖沙咀東麼地道六十三號好時中心LG六十一室
電話號碼：+852-6715-0840　+852-3466-1112
網址：publish.sunyata.cc
電郵：sunyatabook@gmail.com
心一堂 彭措佛緣叢書論壇：　http://bbs.sunyata.cc
心一堂 彭措佛緣閣：　　　http://buddhism.sunyata.cc
網上書店：　　　　　　　http://book.sunyata.cc

香港及海外發行：香港聯合書刊物流有限公司
香港新界大埔汀麗路三十六號中華商務印刷大廈三樓
電話號碼：+852-2150-2100
傳真號碼：+852-2407-3062
電郵：info@suplogistics.com.hk

台灣發行：秀威資訊科技股份有限公司
地址：台灣台北市內湖區瑞光路七十六巷六十五號一樓
電話號碼：+886-2-2796-3638
傳真號碼：+886-2-2796-1377
網絡書店：www.govbooks.com.tw　www.bodbooks.com.tw
經銷：易可數位行銷股份有限公司
地址：台灣新北市新店區寶橋路二三五巷六弄三號五樓
電話號碼：+886-2-8911-0825
傳真號碼：+886-2-8911-0801
網址：http://ecorebooks.pixnet.net/blog

中國大陸發行・零售：心一堂・彭措佛緣閣
深圳地址：中國深圳羅湖立新路六號東門博雅負一層零零八號
電話號碼：+86-755-8222-4934
北京流通處：中國北京東城區雍和宮大街四十號
心一店淘寶網：http://sunyatacc.taobao.com/

版次：二零一三年十一月初版　二零一四年五月修訂版，平裝

　　　　港幣　　　七十八元正
定價：　人民幣　　六十八元正
　　　　新台幣　　二百五十元正

國際書號 ISBN 978-988-8266-24-1

《大圓滿虛空意伏藏課誦集》繁體版序

今天的人類雖然有能力創造出很多不可思議的奇跡，特別是物質生活已達到了相當高的層面，可是並沒有因此獲得更多的幸福和安樂，其主要原因是生命中存在太多不可確定因素。

普通的人類對於生命本身及生命的變遷衰落沒能找到對策及改變的方式，所以，無論世界如何發展對於生命的個體從出生開始就走向衰敗，這無疑是生為人類最大的缺陷。

兩千多年前悉達多太子釋迦牟尼佛圓滿了追求生命的真諦，了悟了生命本身的本來面目。他說：每個眾生都一樣，其生命本身是甚深、寂靜、離戲、光明及無為的。也就是說生命本身超越了被善惡外緣所束縛及升降的狀態，可眾生無明，不能了悟本具的自性而被迫流轉在三界六道輪迴中，受盡了各種痛苦及災難。將來若不能了悟本性，亦然會在無限的時空中遭受苦難。

這位釋迦族悉達多太子追求生命真諦的過程本身也是極度強烈的發願能夠利益芸芸眾生，並用三大無量劫的時間圓滿他的智慧、大悲及力量。自他成就以來開始傳播如何了悟生命本身的方式及覺悟後生命自由及圓

滿，歷時四十九年的時間中轉了三轉法輪，每一法輪都通過經律論三藏來闡述戒定慧三學，其目的是為了對治貪嗔癡三毒。佛祖在修道中發現眾生的種種痛苦不是外力在創造，更不是無緣無故，而是由於最初對生命本身的誤解及它所引發的貪嗔癡煩惱所導致。所以，想要改變生命中的各種苦難，首先必須要改變自己的內心。雖然心的本性本身是清淨而光明，但在漫長的輪迴路上已經積累了非常嚴重的顛倒習性，因此，改變它不是一件輕而易舉的事情。必須下定決心去完成修道的全部次第才能獲得圓滿的成就。

修道是通過聞思修法的正能量來感染自己的內心。舉例：在每天日常生活當中不斷地念誦佛經去影響自己等等。彌勒菩薩說："繕經供養及施贈，聽聞讀誦及受持，宣講演說及課誦，思維以及做修持，具此十行之行者，將獲無量福德蘊"。因此，自古以來無論南北漢藏佛教都有日常念誦"課誦本"的傳統。

近代因眾生的福德成熟包括漢語系的諸多信眾普遍在求學藏傳佛教的修道次第，作為藏傳佛教的繼承及弘揚者--騰龍寺自二零零四年開始依照白玉寺的傳承為漢語系弟子每年都舉行大圓滿掌中佛前行、紮龍及正行禪定

《大圓滿虛空意伏藏課誦集》繁體版序

的月修課程。我們亦感受到此引導的方式能夠直接幫助
行者獲得正道及增上修行，因此準備長期舉辦。此課程
所需要念誦的我們在喇榮課誦集、白玉課誦集等相對比
較普及的課誦中選取所需內容並編輯了簡體版《大圓滿
虛空意伏藏課誦集》供大家念誦。在此要感謝前述諸課
誦集的翻譯及編輯者。真可謂是：前人學佛後人易！

　　最近香港心一堂陳劍聰先生發心出版繁體版《大圓
滿虛空意伏藏課誦集》提供給海外修行人念誦。在此感
謝陳劍聰先生！並祝他法喜充滿、吉祥如意！

　　期望此課誦集的流通能夠推動更多人在日常生活中
不間斷的念誦課誦，從而改變自己的習性。心念轉向佛
法、法趨入正道、道能順利圓滿。並發願流通此課誦本
及諸佛菩薩阿羅漢以及平凡眾生三世所累積功德積聚為
一蘊，迴向給慈母六道眾生。願眾生遠離所有痛苦及痛
苦之因緣，願無餘眾生早日獲悉永恆安樂及安樂之源福
德智慧資糧！

土丹尼瑪 (堪布)

藏傳佛教騰龍寺佛學院院長

2013-10-30

http://www.tlbcab.org

目　錄

大圓滿虛空意伏藏課誦集

目
錄

加持咒

嗡桑巴喝桑巴喝，波瑪納薩喝，瑪哈藏巴巴吽帕所哈
（三遍）

　　此咒摘於《噶當祖師問道語錄》，為度母傳與阿底峽尊者，其功德能使念誦增上一千萬倍。法輪無垢界中而幻化！

大圓滿虛空意伏藏課誦集

1、八聖吉祥頌

作任何事之始，念誦一遍，能順利如願成就，故當銘記！

嗡

現有清淨自性任運成	如是十方吉祥剎土中
所住諸佛正法聖僧眾	悉皆頂禮願我等吉祥
燈王佛及賢勇義成佛	慈嚴德佛善名勝德佛
一切義持廣大名稱佛	如須彌山聖力名德佛
垂念一切有情名德佛	遂願威力名稱吉祥佛
僅聞名號增上吉祥德	八大善逝尊前敬頂禮
文殊童子具德金剛手	聖觀自在怙主慈氏尊
地藏菩薩以及除蓋障	虛空藏與勝聖普賢尊
青蓮金剛白蓮那伽樹	如意寶珠寶劍日月輪
善持標幟吉祥殊勝德	八大菩薩尊前敬頂禮
殊勝寶傘吉祥黃金魚	如意寶瓶悅意妙蓮花
悅音海螺圓滿吉祥結	不朽勝幢自在金輪寶
持八殊勝珍寶之標幟	供養十方三世佛生喜
嬉女等尊唯念增吉祥	八大吉祥天女敬頂禮
大梵大自在天遍入天	千目帝釋與持國天王
增長天王龍王廣目天	多聞天王各持天寶物
輪三叉戟短槍金剛杵	琵琶寶劍寶塔勝寶幢

三界增上善妙與吉祥　　八大世間護法敬頂禮
我等如今所作諸事業　　一切魔障惱害悉消泯
順緣增長所願如意成　　祈願吉祥如意悉圓滿
晨起念誦此日諸願成　　臨睡念誦能見善夢境
戰時念誦制勝於諸方　　事前念誦倍滿諸所求
常時念誦壽德名財祥　　妙善圓滿所欲如意成
淨障與增上生決定勝　　諸義成就勝佛所宣說

火猴年良辰吉日由將華吉比多傑（文殊喜悅金剛）意海所生之大寶瓔珞。

注：（那伽樹，又稱金色樹，可入藥，或用於焚香祭龍）。

大圓滿虛空意伏藏課誦集

2、供養儀軌

一切人天內外勝資具　　妙樂飾鬘美食華衣等

諸佛菩薩願力所化現　　祈以普賢雲供作莊嚴

供雲咒：

納摩曷納扎雅雅，納摩巴嘎瓦得，班匝薩曷扎瑪兒達呢，達塔嘎達雅，阿兒哈得桑雅桑波達雅，達雅塔，嗡班賊兒班賊日瑪哈班賊兒，瑪哈得匝班賊兒，瑪哈波雅班賊兒，瑪哈波德泽達班賊兒，瑪哈波德曼卓巴桑札瑪納班賊，薩兒瓦嘎兒瑪阿瓦曷納波效達納班賊兒所哈。

一切有情之怙主　　降盡魔眾之聖尊

萬法如實遍知者　　諸佛眷屬祈蒞臨

悲憫我等眾生故　　以汝神通幻變力

乃至我作供養間　　祈請諸佛常安住

供養儀軌

4

3、普賢行願品七支供

唐三藏般若奉詔譯

所有十方世界中　　三世一切人獅子

我以清淨身語意　　一切遍禮盡無餘

普賢行願威神力　　普現一切如來前

一身復現剎塵身　　一一遍禮剎塵佛

於一塵中塵數佛　　各處菩薩眾會中

無盡法界塵亦然　　深信諸佛皆充滿

各於一切音聲海　　普出無盡妙言辭

盡於未來一切劫　　讚佛甚深功德海

以諸最勝妙華鬘　　伎樂塗香及傘蓋

如是最勝莊嚴具　　我以供養諸如來

最勝衣服最勝香　　末香燒香與燈燭

一一皆如妙高聚　　我悉供養諸如來

我以廣大勝解心　　深信一切三世佛

悉以普賢行願力　　普遍供養諸如來

我昔所造諸惡業　　皆由無始貪嗔癡

從身語意之所生　　一切我今皆懺悔

十方一切諸眾生　　二乘有學及無學

一切如來與菩薩　　所有功德皆隨喜

十方所有世間燈　　最初成就菩提者

大圓滿虛空意伏藏課誦集

我今一切皆勸請　　轉於無上妙法輪
諸佛若欲示涅槃　　我悉至誠而勸請
唯願久住剎塵劫　　利樂一切諸眾生
所有禮讚供養福　　請佛住世轉法輪
隨喜懺悔諸善根　　迴向眾生及佛道

普賢行願品七支供

4、菩薩戒儀軌

祈請十方一切出有壞正等覺及

十地菩薩摩訶薩眾及

諸位大金剛持上師垂念我

正行願行發心者

乃至菩提果　　皈依諸如來

正法菩薩眾　　如是亦皈依

三遍

如昔諸善逝　　先發菩提心

復此循序住　　菩薩諸學處

如是為利生　　我發菩提心

復於諸學處　　次第勤修學

誦三遍受菩薩戒　　後讚嘆隨喜者

今生吾獲福　　善得此人身

復生佛家族　　今成如來子

爾後吾當為　　宜乎佛族業

慎莫染污此　　無垢尊貴種

猶如目盲人　　廢聚獲至寶

生此菩提心　　如是我何幸

今於怙主前　　筵眾為上賓
宴饌成佛樂　　普願皆歡喜

發願次第

菩提心妙寶　　未生者當生
已生勿退失　　展轉益增長
願不捨覺心　　委身菩提行
諸佛恆提携　　斷盡諸魔業
願菩薩如意　　成辦眾生利
願有情悉得　　怙主慈護念
願眾生得樂　　諸惡趣永盡
願登地菩薩　　彼願皆成就

菩薩戒儀軌

5、現有懷業祈禱文——大加持雲

嗡啊吽舍

大樂熾然懷柔宮殿中	樂空聖妙觀察智慧身
離欲具樂蓮花自性中	金剛日大光明之勝德
法身無量光佛金剛法	世間自在大悲為懷身
駕御輪迴涅槃蓮花王	勝伏現有雄威嘿熱嘎
秘密智母金剛亥母尊	勝樂欲王以及大樂藏
懷攝一切眾生作種母	勝共手印自在樂空舞
懷柔金剛勇士空行聚	現空廣大平等自性中
金剛身之遊舞撼三有	無礙語之笑聲召三界
紅光周遍輪涅一切處	撼動聚集有寂諸精華
依於金剛大貪之意樂	賜予所欲二種勝悉地
施以金剛鐵鉤大絹索	現有諸法攝於大樂中
無邊幻化網中遊舞者	猶如芝麻莢開而安住
懷柔聖眾浩瀚三根本	至誠恭敬祈禱垂加持
一切所欲勝共諸悉地	無礙懷業成就祈垂賜

此為藏曆土兔年七月一日，具「德」名者（麥彭仁波切）造。任誰祈禱皆能如願成就一切懷業，毋庸置疑。寫於紅布高懸或以火、風作轉輪，亦能成辦。願增吉祥！

大圓滿虛空意伏藏課誦集

6、聖妙吉祥真實名經

敬禮孺童相妙吉祥

復次吉祥持金剛	難調伏中勝調伏
勇猛超出三界內	自在金剛密中勝

眼如白蓮妙端正

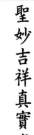

面貌圓滿若蓮花	自手執持勝金剛
時時仰上作拋擲	復次第現忿等像
亦有無邊持金剛	勇猛調伏難調者
具威猛相極怖畏	於金剛尖出勝光
自手向上令拋擲	有大慈悲及智慧
方便益生極殊勝	具足喜樂安隱心
示有忿怒之形相	於行正覺行中尊
眾皆來集身恭謹	向彼如來薄伽梵
究竟正覺禮敬已	於前恭敬伸合掌
端坐正念而告白	遍主與我作饒益
益我慈悲於我故	於幻網中成究竟
願我真實獲菩提	有諸煩惱亂其心
不解泥中而沒溺	為利一切有情類
令獲無上之果故	究竟正覺出有壞
是有情師及導師	亦大記句達真性

聖妙吉祥真實名經

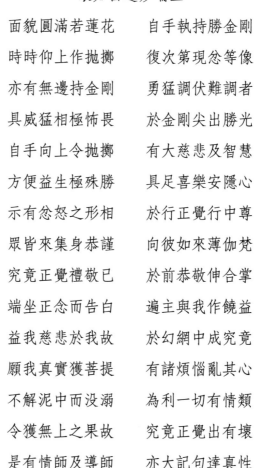

10

了知根心殊勝者　　彼出有壞之智身
是大頂旋言詞主　　亦是智身自超出
妙吉祥智勇識者　　誦彼殊勝真實名
是甚深義廣大義　　無比大義勝柔軟
初善中善及後善　　過去正覺等已說
於未來中當演說　　現在究竟等正覺
亦遍數數皆宣說　　大幻化網本續中
持大金剛持密咒　　如彼無邊諸佛敕
妙音宣暢今當說　　世尊究竟正覺等
願成真實持咒故　　如我決定未出間
當勤堅固而受持　　遠離煩惱令無餘
於諸謬解捨離故　　即以無別無異心
為諸有情願宣說　　密自在者持金剛
向如來前說是言　　告白畢已而合掌
　　　以身恭敬坐其前

大圓滿虛空意伏藏課誦集

祈禱十六頌

復次釋迦出有壞　　究竟正覺兩足尊
於自面門殊勝舌　　廣長橫遍令舒演
顯現三種世界內　　調伏四魔諸怨敵
有情皆具三惡趣　　為現清淨微笑相

於其清淨梵音中　　遍滿三種世界已
為持金剛大力者　　密自在主而答說
具足有大慈悲者　　汝為利益有情故
具足智身妙吉祥　　誦真實名是大益
能作清淨除罪業　　於我精勤應諦聽
善哉吉祥持金剛　　手持金剛汝善哉
密主我為此事故　　為汝巧妙令宣說
汝今一心應諦聽　　唯然薄伽梵善哉

回答六頌

復次釋迦出有壞　　一切密咒大種性
密咒明咒持種性　　於其三種令觀察
世間及出世間性　　願作世間大種性
殊勝廣大手印種　　大種大髻應觀察

觀察六種性二頌

言詞之主演偈頌　　密咒王者具六種
將令顯出於無二　　無生法者自宣說

啊啊　額額　鄂鄂　哎哎　哦哦　昂啊。特多舍達，加納妹諦曷杭布多，布達囊扎亞哇底那馬，嗡班扎得傑德卡測嚓達，扎嘉嘉那麼達耶，嘉那嘎亞瓦格秀，阿曷巴雜納亞碟拿美。

幻網現證菩提次第三頌

如是正覺出有壞　　究竟正覺阿中出
阿者一切字中勝　　是大利益微妙字
諸境之內出無生　　即此遠離於言說
是諸說中殊勝因　　令顯一切諸言說
大供養者是大欲　　一切有情令歡喜
大供養者即大嗔　　一切煩惱廣大怨
大供養者是大癡　　亦愚癡心除愚癡
大供養者即大忿　　即是忿恚之冤仇
大供養者大貪欲　　一切貪欲皆除斷
大欲即是於大樂　　大安樂者大喜足
大境色與廣大身　　大色並及大形像
大名及與大廣大　　大中圍者是廣大
持於廣大智慧器　　鉤煩惱鉤大中勝
普聞妙聞皆廣大　　顯中即是廣大顯
解者執持大幻化　　大幻化中成利益
大幻化內喜中喜　　大幻化中施幻術
大施主中最為尊　　大持戒中持殊勝
於大忍辱即堅固　　以大精進悉棄捨
以大禪定住靜慮　　以大智慧令持身
具足大力大方便　　大願勝智是大海

大圓滿虛空意伏藏課誦集

大慈自性無量邊　　亦是大悲勝智慧

有大智慧具大智　　大解即是大方便

具大神通及大力　　大力及與大速疾

復大神通大名稱　　大力令他令摧伏

三有大山悉能壞　　持大堅固大金剛

大緊即是大雄勇　　於大怖中施怖畏

尊者大種即殊勝　　上師密咒大殊勝

住在於彼大乘相　　大乘相中最殊勝

金剛界大中圍十四頌

廣大正覺眾明主　　具大寂默大寂默

大密咒中令出現　　有大密咒自性理

欲得十種到彼岸　　住於十種彼岸中

十彼岸到是清淨　　即是十種彼岸理

尊者十地自在者　　住在於彼十地中

具知十種之自性　　持於十種清淨者

十種義相義中義　　自在寂默十力主

作諸利益無有遺　　具有十種大自在

離彼無始戲論主　　真如自性清淨主

言說真實不諱句　　如其所說而依行

於無二中說無二　　住於真實邊際中

聖妙吉祥真實名經

無我獅子具音聲　外道惡獸極怖畏
遊行一切有義中　速疾猶若如來心
勝及最勝勝怨中　於轉輪者施大力
集中之師集中勝　集王集主集自在
執持愛護大靈驗　大義不受他恩念
句王句主能言詞　句中自在句無邊
以真實句說真實　於彼四諦宣說者
不還之中復不還　教如緣覺及獨覺
種種決定超出中　彼諸大中獨一因
比丘羅漢即漏盡　調伏諸根並離欲
獲得安樂無怖畏　成滿清涼亦無濁
明解及與於神足　世間善逝勝明解
於我不執不執我　住於二種諦理中
能到輪迴之彼岸　所作已畢住露地
於一智中而出現　以智慧器破一切
法王妙法具顯現　於世間中勝明照
以法自在法中王　能演妙道令宣說
有義成就滿誓願　捨離一切諸虛妄
無盡法界實離妄　勝妙法界極無盡
具大福田勝福足　智中廣大殊勝智
具足智者解有無　無二種中而積集

大圓滿虛空意伏藏課誦集

諸常見中勝禪定　　是修靜慮是智王
自解各各皆不動　　最上勝者持三身
具足正覺五身性　　遍主五種智自性
首冠莊嚴五覺性　　持五種眼離執着
令諸正覺皆增長　　正覺尊子勝微妙
勝智出有出生處　　出現法中離三有
獨一堅固金剛性　　初生已作有情主
現空性中自超出　　勝智妙智如大火
以大光明遍照耀　　以智慧明令顯現
是有情燈智慧炬　　具大威勢顯光明
是勝咒主明咒王　　密咒王者作大益
具大肉髻稀有頂　　大虛空主說種種
是諸正覺勝自性　　具足有情歡喜眼
能令增長種種相　　諸大仙等皆供讚
令持三種之密咒　　大記句者持密咒
尊者守護三寶故　　宣說最勝三乘法
真勝有義之絹索　　是大執持金剛索
金剛鐵鉤大絹索　　怖畏金剛大怖畏

清淨法界智二十五頌

金剛王者六面怖　　六眼六臂力具足

亦具骨相露牙者　哈辣哈辣具百面
是獄王主魔中王　有力金剛能作怖
名稱金剛金剛心　幻化金剛具大腹
金剛中生金剛主　是金剛心如虛空
不動獨發相嚴身　所著大象生皮衣
大緊呵呵皆哮吼　希希聲吼能作怖
若作笑者有響笑　金剛喜笑大哮吼
金剛勇識大勇識　金剛王者大安樂
金剛堅者大樂喜　金剛吽者吽聲吼
器中執持金剛箭　金剛劍斷令無餘
眾持金剛具金剛　一種金剛能退敵
熾焰金剛施惡眼　金剛頭發如焰熾
金剛降臨大降臨　具足百眼金剛眼
身中具有金剛毛　金剛毛者獨一身
指甲增長金剛尖　以金剛心皮堅硬
執金剛鬘具吉祥　以金剛鬘而莊嚴
呵呵響笑決定吼　具六種字金剛聲
大柔和聲大音聲　三世界中獨一音
遍虛空界聲哮吼　諸有聲中皆殊勝

大圓滿虛空意伏藏課誦集

17

不動中圍十頌

真實無我真實性	即是真際無有字
宣說空性眾中勝	甚深廣大聲哮吼
即是法螺具大聲	亦法犍椎大音聲
超越無住圓寂性	十方法中即大鼓
無色有色中微妙	具種種相意中生
具諸相者顯吉祥	執持影相使無餘
無能過中大名稱	三界之中大自在
住於最極聖道中	大興盛中之法幢
三世界中一孺童	長老尊者四生主
三十二相具莊嚴	三界所愛於中妙
是世間解為勝師	是世勝師無怖畏
救世間尊意無私	救中救者而無上
盡空邊際悉受用	解一切中智慧海
解散一切無明殼	亦能破壞三有網
能滅無餘諸煩惱	到彼輪迴大海岸
勝智灌頂具頭冠	真實究竟令莊嚴
滅除三種諸苦惱	滅三毒得三解脫
決定解脫諸障難	住於如空平等中
超越一切煩惱垢	能解三時及無時
諸有情中即大龍	功德帶中之鬘帶

聖妙吉祥真實名經

諸有身中即解脱　　虛空道中真實住
持於如意大寶珠　　遍主一切寶中勝
圓滿是大如意樹　　勝妙淨瓶大中勝
能作有情諸利益　　隨順有情而利益
亦解善惡及時辰　　遍主解記具記句
解時及解有情根　　亦能作於三解脱
具足功德解功德　　解法讚嘆現吉祥
吉祥之中最吉祥　　吉祥名稱善名稱
大止息中大法筵　　大歡喜中大音樂
恭敬承侍悉具足　　勝喜名稱性吉祥
具勝施勝是尊者　　微妙歸處堪歸敬
於世怨中勝中勝　　離一切怖無有餘
頂髻及髻各分垂　　頭髮摸搜戴頭冠
五面具有五種髻　　五髻各繫花鬘帶
即是禿髮大勤息　　行淨梵行勝勤息
大苦行者建苦行　　微妙淨宮喬答摩
梵婆羅門解淨梵　　超圓寂時得淨梵
離欲身中而超出　　解脱圓寂是圓寂
超越悲哀滅悲哀　　微妙決定近出離
能除苦樂之邊際　　脱離纏縛解脱身
不可比量無與等　　非現非顯非朗然

大圓滿虛空意伏藏課誦集

19

雖往不改亦普遍　　微細無漏離種性
無塵離塵即無垢　　離失捨除於過患
最極寢寤覺自性　　諸解諸明即微妙
識心超越於法性　　持理即是無二智
離虛妄者默然成　　修於三世正覺行
正覺無垢亦無邊　　最初正覺亦無因
獨一智眼無垢染　　具足智身即如來
以句自在廣宣說　　演勝丈夫法中王
宣陳微妙殊勝處　　詮說獅子無與等
於勝觀察殊勝喜　　積聚威勢是入意
熾焰光中吉祥相　　手臂光耀令顯現
殊勝大醫即尊者　　能離痛刺無有上
亦是諸藥枝茂樹　　對治諸病大怨仇
入意三界中殊勝　　吉祥遊宿具中圍
十方一切虛空界　　建立法幢極微妙
遊行唯一廣大傘　　即具慈悲妙中圍
吉祥蓮花舞自在　　廣大遍主大寶傘
具於正覺大威勢　　持於一切正覺身
是諸正覺大修習　　是諸正覺唯正法
金剛大寶灌頂相　　諸大寶性即自在
世間自在諸法性　　持金剛者一切王

聖妙吉祥真實名經

20

一切正覺即大心　　一切正覺在心中
一切正覺之大身　　亦是一切正覺語
金剛日是具大明　　金剛月是無垢光
離欲等中是大欲　　種種諸色熾焰光
金剛跏趺正等覺　　執持真實究竟法
吉祥正覺蓮花生　　亦能攝持正覺藏
復持種種幻化王　　廣大正覺持明咒
聰明金剛即大劍　　珍寶清淨殊勝字
是廣大乘除苦惱　　金剛法者廣大器
金剛甚深唵哪唵　　金剛智慧依義解
詣到彼岸皆究竟　　一切地中具莊嚴
真實清淨無我法　　真實智月殊勝光
廣大精進幻化網　　本續一切殊勝主
金剛坐者具無餘　　持於一切智慧身
一切殊勝妙智慧　　即是心地持往復
一切正覺之大心　　復持種種之大輪
是一切體殊勝性　　亦持一切體自性
即無生法種種義　　持於一切法自性
廣大智慧剎那中　　解持諸法無遺餘
現解一切諸法者　　勝持寂默真實際
殊勝不動自性淨　　持於正覺妙菩提
一切正覺現於前　　智火熾焰光顯盛

大圓滿虛空意伏藏課誦集

21

妙觀察智四十二頌

隨樂成就微妙義	一切惡趣悉清淨
諸有情中殊勝尊	一切有情令解脫
煩惱敵中獨勇猛	威猛能破愚癡怨
具吉祥智而嚴身	執持堅固之惡相
能令動於百種手	舉步相中而作舞
吉祥百手皆圓滿	遍空界中能作舞
大地中圍一界分	以一足根堅踏之
以足爪甲界分內	淨梵世界盡令押
無二一義法之義	即微妙義無怖義
亦種種識具色義	於心意識具相續
體義無餘數歡喜	愛空之性殊勝智
捨離三有之貪欲	三有歡喜廣大者
色貌鮮潔若白雲	光明殊勝如秋月
亦如初出妙日輪	爪如赤銅光皎潔
頭冠殊勝尖末青	勝髮亦復紺青色
大寶光明具吉祥	正覺化身莊嚴足
諸百世界皆令動	而能具彼神足力
持於廣大寶性念	四念住中靜慮王
以七覺支為花香	即是如來功德海
解八道支義理故	是解真實正覺道

聖妙吉祥真實名經

於諸有情大分著
一切有情意中生
解諸有情根與義
亦解五蘊實性義
決定出彼諸邊際
向決定出道中住
拔十二支三有根
具有四諦之義相
十二實義令具足
以二十種成菩提
一切正覺幻化身
彼諸剎那現了解
種種乘者方便理
決定出於三乘者
諸煩惱界清淨性
過於一切江海中
煩惱及與隨煩惱
以於大悲智方便
一切想義悉棄捨
能緣一切有情心
在彼一切有情心

亦如虛空無所著
速疾猶如有情意
能奪有情諸心意
清淨五蘊令受持
亦能出於決定中
宣說一切決定出
持於清淨十二種
解持八種之心識
十六實性現體解
勝解一切正覺相
無邊憶界令出現
亦解剎那諸有義
利益去來皆了解
住在於彼一乘果
盡能滅除諸業果
寂靜加行中出現
及以習氣皆棄捨
於諸有情作利益
亦令滅除心識意
亦解一切有情意
隨順一切有情意

大圓滿虛空意伏藏課誦集

充滿一切有情心　　令諸有情心歡喜
成就究竟無錯謬　　一切謬解皆捨離
於三義中無疑智　　諸義三種功德性
五蘊義理三時中　　於諸剎那能分別
一剎那中正等覺　　持於一切正覺性
無身之身身中勝　　解了諸身之邊際
種種諸相諸處顯　　大寶即是大寶首

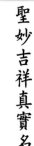

平等性智二十四頌

解了一切正覺者　　正覺菩提即無上
出密咒處無文字　　大密咒者是三種
諸密咒義令增長　　大明點者無文字
大空即是五種字　　空明點者百種字
種種諸空無種種　　十六半半具明點
亦無支分超於數　　即四靜慮之初首
了解一切靜慮支　　明解靜慮種族性
具靜慮身身中勝　　受用身者一切勝
化身即是殊勝身　　持彼化現之種性
種種化現十方中　　依法利益於有情
自在之天天中天　　非天自在天中主
自在無滅天之師　　作壞作壞即自在

聖妙吉祥真實名經

24

三有寂靜令超越　　唯一師者有情師
名稱普於十方界　　施法之主廣大者
備足莊嚴慈鎧甲　　以慈憫心為堅甲
智慧為劍持弓箭　　欲離不解煩惱敵
能降勇猛魔怨者　　兼除四種怖畏魔
亦能退諸魔軍旅　　究竟正覺救世間
是堪供讚禮敬處　　亦是恆常承侍境
應供詠處最殊勝　　真堪禮敬勝上師
一步能遊三世界　　如空無邊真鎮押
清淨三明是清淨　　具六神通隨六種
菩提勇識大勇識　　大神通者超世間
達彼智慧之實性　　亦獲智慧之體性
一切自明令他明　　殊勝丈夫勝一切
超離一切諸譬喻　　能智所智殊勝主
尊者即是法施主　　宣說四種手印義
有情奉施殊勝主　　決定所入三種住
微妙義中淨吉祥　　三世間中大勝福
具足吉祥皆成辦　　文殊師利勝吉祥

大圓滿虛空意伏藏課誦集

成所作智十五頌

勝施金剛我敬禮　　真實邊際我敬禮

出現空性我敬禮	正覺菩提我敬禮
正覺貪著我敬禮	正覺欲者我敬禮
正覺歡喜我敬禮	正覺戲論我敬禮
正覺微笑我敬禮	正覺笑者我敬禮
正覺語者我敬禮	正覺心者我敬禮
出現無者我敬禮	出現正覺我敬禮
出現虛空我敬禮	出現智者我敬禮
幻化網者我敬禮	正覺顯論我敬禮
一切一切我敬禮	彼智身者我敬禮

讚如來智五頌

嗡薩哇達瑪巴瓦索巴瓦，布欣達班扎啊阿昂啊，扎知德巴熱欣達薩哇達瑪雅德達，薩哇達塔嘎達，嘉拿嘎雅曼自喜巴熱欣德　達瑪巴達也得昂啊，薩瓦達塔嘎達舍達雅，哈喝哈喝，嗡吽舍，巴嘎萬嘉拿妹諦瓦格秀喝，瑪哈哇雜薩瓦達瑪，嘎嘎納瑪拉欺巴熱欣達，達瑪達德嘉拿嘎巴吽。

復次吉祥持金剛	懇分歡喜而合掌
如來尊者出有壞	敬禮究竟正覺已
復次尊者密自性	持金剛之金剛王
所餘種種同住處	高聲如是而白言

聖妙吉祥真實名經

26

尊者我等亦隨喜　　善哉善哉說善哉

為彼欲求解脫果　　有情為無救度者

我等真實救度者　　作護菩提大利益

宣說幻化微妙理　　此是清淨微妙道

亦是甚深極廣大　　大義有情作利益

一切正覺境界者　　諸正覺等皆已說

出有壞妙吉祥智勇識所誦真如之真實名經出有壞釋迦如來所說已畢。

7、文殊禮讚

南無大智文殊師利菩薩摩訶薩

誰之智慧　離二障雲　猶如淨日極明朗

所有諸義　如實觀故　胸中執持般若函

諸有於此　生死牢獄　無明暗覆苦所逼

眾生海中　悲同一子　具足六十韵音語

如大雷震　煩惱睡起　業之鐵索為解脫

無明暗除　苦之苗芽　盡皆為斷揮寶劍

從本清淨　究竟十地　功德身圓　佛子最勝體

百一十二　相好莊嚴　除我心暗　敬禮妙吉祥

能海上師翻譯

文殊開智偈

大悲尊以極遍智光明　　盡除我心愚癡諸黑暗

契經及論教典悉證得　　願賜智慧辯才咸顯現

遍智無垢光尊者祈禱頌

托嘎雪山寶藏頸　　圓諸功德喜樂園

二義精藏瑜伽士　　祈禱龍欽繞降賢

全知麥彭仁波切祈禱頌

心顯文殊師利智　　勤學普賢行願義

持佛佛子事業者　　祈禱文殊上師足

覺空文殊童子之加持　　密意界中獲證八辯才

教證法藏海洋尊勝主　　至誠祈禱麥彭那迦尊

注：麥彭那迦即不敗尊勝

聖者法王如意寶祈禱頌

無畏自在講辯著之藏　　圓滿具足三學之功德

無量利樂之源如意寶　　祈禱具德上師勝引尊

請法偈

依於一切有情之　　各別根器與意樂

祈宣大小共同乘　　轉動如來正法輪

8、天法大圓滿金剛本頌之前行念誦文

隆道多傑法師譯

頂禮普賢王如來！此暇滿身極難得，

生何處皆無常死，勤修善法成佛因，

作惡今飄六道中。餓鬼飢渴旁生愚，

地獄寒苦與熱苦，人有生老病死苦，

非天爭鬥天亦苦。面前空中普賢佛，

無量佛菩薩圍繞，普賢、諸佛與佛子，

一心專注我皈依。善業迴向六道諸慈母。

為利有情策發菩提心。自己面前空中普賢佛，

無量佛與菩薩繞周圍。盡聚四洲諸善獻曼札。

自己頭頂白色薩埵尊，雙手以調伏姿持鈴杵。

從其身上流下甘露流，充盈自身排出黑罪障。

盡力念誦百字明咒：

嗡班雜薩埵薩瑪雅，瑪呢巴拉雅，班扎薩埵迪諾巴，迪叉知卓美巴瓦，色多卡約美巴瓦，色波卡約美巴瓦，阿呢曷多美巴瓦，薩瓦色德瑪美札雅匝，薩瓦嘎瑪色匝美，則當希央格熱吽，哈哈哈哈伙，巴嘎萬，薩瓦達塔嘎達，班雜瑪美門匝，班扎巴瓦，瑪哈薩瑪雅薩埵阿。

最後金剛薩埵融入己，自己成為金剛薩埵尊。

自己頭頂古汝蓮花生，一切佛菩薩眾總集體，

相蓮花生體為根本師。薩瑪雅！密！密！密！

9、天法大圓滿傳承祈請文

古汝得瓦札给内吽！

艾瑪伙！

普賢、五部如來、金剛持，

朱欽十二導師、薩埵等，

祈請佛之密意傳承師，

加持證悟原始之本性！

極喜金剛、西日森哈尊，

印度八大持明、空行眾，

五大持明、古汝蓮花生，

祈請持明表示傳承師，

加持成就不死虹光身！

藏王、大臣合計二十五，

百位伏藏師等法主尊，

祈請諸數取趣耳傳師，

加持到達法性窮盡地！

寂忿蓮師、噶、貢與普巴，

炮、垂、獅面、無量寂忿尊，

祈請一切本尊聖眾天，

加持速獲勝共二成就！

五部瑪靈、巴瑪、獅面母，

大圓滿虛空意伏藏課誦集

五部瞻拉、財續之天母，

五位長壽天女姊妹等，

祈請諸位護法伏藏主，

令諸所願如意皆成就！

加持依靠我此祈請力，

修持直至壽命終結時，

此生之中獲證佛菩提！

薩瑪雅！密！密！密！卡唐。古嗨。

　　這是化身美久多傑十三歲，藏曆雞年五月二十，獅

吼親口所說。

天法大圓滿傳承祈請文

10、天法意伏藏耳傳深法類之伏藏法傳承祈請文

古汝得瓦札給內吽！

艾瑪伙！

西方極樂世界中，　世尊法身無量光，

五部壽主我祈請，　加持獲得壽持明！

南方布達拉聖地，　報身佛海觀自在，

大悲天眾我祈請，　加持能盡拔輪迴！

西南拂洲無量宮，　五身八相怒蓮師，

王臣廿五我祈請，　加持生圓速堅固！

調伏所化廣大剎，　伏藏大師百餘位，

法主以及具緣等，　根傳諸師我祈請，

加持修持達究竟！　一切寂忿諸本尊，

如母姐妹空行眾，　守誓護法我祈請，

加持四業任運成，　速獲勝共二成就！

祈令一生成正覺！（薩瑪雅。密！密！密！）

這是化身美久多傑十三歲，藏曆雞年五月二十一日，古汝蓮花生親口所說。

11、天法大圓滿掌中佛傳承祈請文——加持蘊聚

嗡阿吽！

清淨法界宮殿中，

祈請普賢佛父母，

加持一生成正覺！

嗡阿吽！

任成奧明殊勝宮，

大金剛持我祈請，

加持境心執着空！

嗡阿吽！

無邊明淨佛剎土，

祈請金剛薩埵尊，

加持煩惱垢清淨！

嗡阿吽！

殊勝布達拉聖地，

祈請大悲觀自在，

加持嫻熟空性悲！

嗡阿吽！

離邊超心宮殿中，

祈請極喜金剛尊，

加持現量證法身！

天法大圓滿掌中佛傳承祈請文

嗡阿吽！

聖地索薩嶺屍林，

祈請西日森哈尊，

加持使證虹光身！

嗡阿吽！

銅色吉祥山妙宮，

祈請蓮花生父母，

加持自他二利成！

嗡阿吽！

護持弘揚聖教宮，

祈請多傑召波雜，

加持阿底聖教興！

嗡阿吽！

智慧講辯著述宮，

祈請 嘎阿賽尊，

加持遠離煩惱過！

嗡阿吽！

離勤證語究竟宮，

祈請根絨喜繞尊，

使證自覺即法身！

嗡阿吽！

大圓滿虛空意伏藏課誦集

輪涅大樂平等官，

祈請楞珠嘉措尊，

加持圓滿二種智！

嗡阿吽！

廣大三身大樂官，

祈請貝瑪諾布尊，

加持風心相清淨！

嗡阿吽！

自顯謬相本淨界，

祈請噶瑪札西尊，

加持無明謬相解！

嗡阿吽！

本淨法身廣淨界，

祈請噶瑪敦多尊，

所顯心性中解脫！

嗡阿吽！

清淨自覺力圓滿，

祈請噶瑪久美尊，

加持如實證內界！

嗡阿吽！

現證深緣起本性，

天法大圓滿掌中佛傳承祈請文

36

祈請多奧頓真尊，

加持能所謬亂淨！

嗡阿吽！

光明大樂宮殿中，

祈請其吉尼瑪尊，

加持自心謬亂淨！

嗡阿吽！

教言伏藏二傳承，

成熟解脫正法宮，

祈請八欽滴巴尊，

加持二次第堅固！

嗡阿吽！

所顯無執法身宮，

祈請嘎旺登真尊，

加持使我得現證，

顯現解脫覺性力！

嗡阿吽！

光明四相究竟宮，

祈請其吉達瓦尊，

加持無漏虹身成！

嗡阿吽！

大圓滿虛空意伏藏課誦集

太子當怎朱旺尊，

祈請其吉札央尊，

加持教眾事業成！

嗡阿吽！

頭頂蓮花日月上，

祈請根本上師尊，

加持四相達究竟！

嗡阿吽！

九乘次第之頂巔，

祈請殊勝大圓滿，

加持無漏虹身成！

嗡阿吽！

自身淨脈無量宮，

本尊空行我祈請，

使證無餘依涅槃！

嗡阿吽！

亥欽達那大屍林，

祈請深紅色辛巴，

加持大圓滿教興！

嗡阿吽！

妄念景象清淨剎，

天法大圓滿掌中佛傳承祈請文

祈請具誓護法海，
加持違緣障礙息！
嗡阿吽！

加持輪迴鎖鏈斷，
漫遊靜地山林間，
遠離衣食之貪着！
嗡阿吽！

加持能够勤修法，
體證穩固無隱現，
使微細身能現起！
嗡阿吽！

加持現見心性面，
加持遠離妄念垢，
證得無垢本淨位！
嗡阿吽！

加持遠離自他執，
證語萬有即法身，
通達緣起之方便！
嗡阿吽！

加持二相徹底斷，
加持二種智圓滿，

大圓滿虛空意伏藏課誦集

加持一生成正覺！

嗡阿吽！

證得法性現量相，

加持證驗得增長，

加持覺性達於量！

嗡阿吽！

到達法性窮盡地，

加持具足四定見，

證得普賢佛密意！

以我心您知的堅固信心，衷心地如此祈請，一定會得到加持。

這是《天法掌中佛》傳承次第的中軌祈請文，詳軌見《天法大圓滿祈請文》。簡軌就是知曉上師總集一切皈處，念誦《耳傳遙喚根本上師七句》。

上師瑜伽中，知曉上師總集一切皈處進行祈請，屬於極深修法。

在天法法主根絨喜繞的一再請求之下，為令其獲益，藏曆木蛇年十月上半月，多傑久美寫於金沙江流域的召根寺。文中若有錯誤，就在根本上師和諸位傳承上師面前懺悔，願當前和永久不分離！願此善令大圓滿聖教興盛！

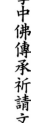

天法大圓滿掌中佛傳承祈請文

12、熱那林巴伏藏法《上師三身修法》中的祈請文

祈請師尊法身佛，加持無明暗冥醒！

祈請上師報身佛，加持相續生禪定！

祈請上師悲化身，令獲驗相與實證！

祈請上師佛海身，加持自他二利成！

祈請殊勝上師身，加持身中暖樂熾，

賜予不死壽成就！祈請殊勝上師語，

加持言語生效力，賜予清淨語成就！

祈請殊勝上師意，加持心中生實證，

賜予大手印成就！祈請功德事業聚，

加持全獲四灌頂，賜予四業之成就！

舍！

眾生上師鄔金無量光，不變不壞無畏金剛身，

殊勝願力所成無量光，宿業倏起違緣損壽魔，

不順障礙祈令皆平息！加持成就上師之報身，

加持實證雙運樂與空，加持實證離戲平等性！

加持無有造作自然證，加持如實證得本性位，

加持自他二利皆成就！傑瑪大悲眾生怙，

願力所成佛之身，救非時死吉祥尊，

五部如來無量壽，祈請賜我壽成就，

祈請阻止非時死！那麼！大樂之王無為身，

大圓滿虛空意伏藏課誦集

無作離戲空悲主，　祈請上師法身佛，

加持自覺即上師！　剎那可顯無漏樂，

自然本智師法身，　離戲本淨位祈請，

頓斷離心得解脫！　總匯無別之法身，

任成光明離言空，　無念離事位祈請，

剎那三身位解脫！

四句慈母祈請文

量等虛空的一切慈母有情祈請上師法身佛！

量等虛空的一切慈母有情祈請上師大樂圓滿報身佛！

量等虛空的一切慈母有情祈請上師大悲化身佛！

量等虛空的一切慈母有情祈請上師佛寶！

熱那林巴伏藏法《上師三身修法》中的祈請文

13、天法意伏藏耳傳深法類之《大圓滿引導掌中佛》

土丹尼瑪堪布譯

上師知，上師知，大恩根本上師知！

上師知，上師知，大恩根本上師知！

上師知，上師知，大恩根本上師知！

上師知，上師知，大恩根本上師知！

艾！上師知！艾！上師知！艾！具德根本上師知！

上師知！上師知！耶！耶！大恩根本上師知！

唯上師知！唯上師知！唯大恩根本上師知！

若要詳細觀修受取四種灌頂，念誦：

隆道多傑法師譯

頭頂日月輪之上，一切諸佛總集體，

大恩根本上師尊，身中放射白色光，

恰似流星下墜般，融入自己額際間。

清淨身之諸業障，獲得寶瓶身灌頂，

得到化身之種子。具德上師尊明鑒！

口中放射紅色光，恰似空中之閃電，

融入自己之喉間，清淨語之諸業障，

獲得秘密語灌頂，得到報身之種子。

具德上師尊明鑒！心間放射藍色光，

43

恰似线香所生烟，融入自己之心间，
清淨意之諸業障，獲得本智意灌頂，
得到法身之種子。具德上師尊明鑒！
上師身體諸處中，放射五色之光明，
融入自身之五處，清淨所積混合障，
獲得功德事業灌，以及言辭寶灌頂，
一生能够成正覺。具德上師尊明鑒！

我等一切有情眾，自從今生，直至未來一切世，無論上升下墮，上師您悉皆明鑒！祈請大悲攝受！

依靠一心專注之祈請，諸尊全部融入自身中，
頭頂古汝化光融自身，古汝上師三密與自己，
身語及意無別成一體，無二任運圓滿阿拉拉！

具德根本上師寶，於我心間蓮蕊中，
恆常安住不分離，以大恩德而攝受，
祈賜身語意成就！於具德師之事行，
剎那亦不生邪見，視師所作皆正法，
依於如是誠信心，願師加持入我心！
希願生生世世中，種姓賢善慧不驕，

悲心廣大敬上師，秉持具德師誓言！

希願生生世世中，不離清淨正上師，

享受正法之吉祥，圓滿道地諸功德，

速獲金剛持果位！

口中念誦，心中也一定要作意觀修，全心依賴上師，心念無論如何相待，上師悉皆明察，以這樣的強烈信心進行祈請，直至落淚。之後受取灌頂。不需要其他傳承次第祈請等眾多內容，因為這是上師總集一切皈處的修法。再者，要想法身上師遠離戲論；至於報身，除十地菩薩之外，像我這樣的人是見不到的；總集一切佛的化身，就是我的這位上師。要以這樣的善妙定解進行祈請。無論修持任何殊勝和共通成就，此法都是不可或缺的，就像核心一樣。

其中的遙喚七句，屬於耳傳文字。受取四灌頂等內容，是藏曆水兔年正月初六，在東方噶陀地方的嘎傑喇嘛根絨喜繞的勸請之下，持明成就自在者多傑召波雜所說，由其記錄整理。願此善令眾生獲登十三地金剛持之位！

14、曼茶三十七供

索達吉堪布譯

嗡班匝兒布米阿吽　　清淨本基大自在金地

嗡班匝兒惹客阿吽　　外鐵圍山環繞

中央吽變須彌山王　　東勝身洲南瞻部洲

西牛貨洲北俱盧洲　　身洲及勝身洲

拂洲及妙拂洲　　　　行洲及勝道行洲

惡音洲及惡音對洲　　珍寶山　如意樹

如意牛　自然稻　　　輪寶　如意寶

玉女寶　大臣寶　　　大象寶　紺馬寶

將軍寶　寶藏瓶　　　嬉女　鬘女

歌女　舞女　　　　　花女　香女

燈女　塗香女　　　　日月　珍寶傘

尊勝幢

將此等無不圓滿之人天受用供養

大恩具德諸根本及傳承殊勝上師

懇祈為利眾生悲納受　受已賜予勝加持

　　　塗香鮮花遍大地　　須彌四洲日月飾

　　　觀想佛剎作供養　　願諸眾生行佛剎

章格熱曷納 曼扎拉波匝美嘎薩摩扎薩帕曷納薩
瑪耶阿吽

46

15、天法意伏藏耳傳深法類之極樂世界修法念誦文

隆道多傑法師譯

修持如來無量光，無有壇城無食子

南無

三寶尊與三根本，諸皈依處前皈依。

為令眾生皆成佛，策發殊勝菩提心。

本淨界中變化出，遍滿天地供養雲，

藥血食子及天女，願無窮盡布雜火。

水中所生蓮花內，自己白色菩薩身。

面前蓮花月墊上，無量光佛身紅色，

一面雙手結定印，捧持缽盂著法衣，

金剛跏趺坐而居。右側白色世自在，

一面四手二合掌，另二左右持蓮珠，

站立蓮花月輪上。左側勢至金剛手，

一面二臂身藍色，左右二手持鈴杵，

站立蓮花月輪上。周圍無量佛菩薩，

聲聞阿羅漢圍繞。三位主尊之三處，

三字母中放光明，自從極樂世界中，

迎請聖眾來融入。

吽！無量光佛諸天眾，祈請降臨賜加持！

向我具緣具信心，賜予殊勝之灌頂，

遣除導邪壽障礙！班雜薩瑪雅雜。

雜色蓮花月墊上，彌陀天眾祈安坐！

吽！極樂刹中轉法輪，恆常大悲觀有情，

應允作為眾生怙，頂禮定印無量光。

嗡阿梅代瓦舍，班雜薩瑪雅雜，雜吽波火，滴插嫩，阿滴布火。

心間舍字放光明，迎請五部佛降臨，

賜灌彌陀為頂儼。

吽！我以芬芳妙香水，獻浴無量光佛身，

尊身雖然無污垢，然作淨罪之緣起。

嗡　薩瓦大沓嘎大　阿貝開　噶代　薩瑪雅
西日耶吽。

吽！芳香柔軟潔白布，擦拭無量光佛身。

尊身雖然無污垢，然作離苦之緣起。

吽！莊嚴褐黃此袈裟，披覆無量光佛身。

尊身雖然不受涼，然作增輝之緣起。

吽！美麗珍貴此飾品，披覆二位佛子身。

尊身雖不佩飾品，作增光華之緣起。

吽！此八功德飲用水，獻予諸佛菩薩口，

諸尊雖然不口渴，然作離苦之緣起。

吽！為淨無量光足垢，奉獻芬芳此浴水，

天法意伏藏耳傳深法類之極樂世界修法念誦文

48

我雖身為凡夫體，心觀黃色浴水女，
謹向佛足獻供養。

吽！為悅無量光佛目，奉獻美麗之鮮花，
我雖身為凡夫體，心觀白色鮮花女，
謹向佛目獻供養。

吽！為悅無量光佛鼻，奉獻芬芳之燃香，
我雖身為凡夫體，心觀藍色妙香女，
謹向佛鼻獻供養。

吽！為悅無量光佛手，奉獻明亮之油燈，
我雖身為凡夫體，心觀紅色明燈女，
謹向佛手獻供養。

吽！為增無量光光華，奉獻芬芳之香水，
我雖身為凡夫體，心觀綠色香水女，
謹向佛身獻供養。

吽！為增無量光光華，奉獻妙味之美食，
我雖身為凡夫體，心觀黃色美食女，
謹向佛舌獻供養。

吽！為悅無量光佛耳，向耳奉獻妙音樂，
我雖身為凡夫體，心觀黃色音樂女，
謹向佛耳獻供養。

吽！為悅無量光佛身，奉獻明妃佩飾物，

大圓滿虛空意伏藏課誦集

49

我雖身為凡夫體，心觀美麗明妃女，

謹向佛身獻供養。

嗡　班雜　阿貢　巴當　布拜　獨拜　阿洛蓋
根代　乃衛代　夏大　木札阿吽。

吽！主要吉祥八妙物，勝王白色芥子等，

我向天尊獻供養，願二資糧皆圓滿！

蒙嘎洛阿沓色德吽。

吽！主要吉祥八標志，最勝之王寶瓶等，

我向天尊獻供養，有情二資願圓滿！

蒙嘎洛故巴吽。

吽！根本妙欲七珍寶，最勝之王神珠等，

我向天尊獻供養，願我二資糧圓滿！

嗡瑪內日艾那吽。

吽！一切之主須彌洲，須彌四洲小洲等，

我向天尊獻供養，願二資糧皆圓滿！

嗡日艾那曼札拉吽。

吽！我向皈處無量壽，奉獻甘露之供養，

我雖身為凡夫體，心觀甘露之天女，

奉獻無量壽佛汝，祈請悲賜我等眾，

殊勝共通之成就。

吽！我向皈處無量壽，奉獻食子之供養，

我雖身為凡夫體，　心觀妙欲之天女，

奉獻無量壽佛汝，　祈請悲賜我等眾，

殊勝共通之成就。

吽！我向皈處馬頭尊，　奉獻鮮血之供養，

我雖身為凡夫體，　心觀供養之天女，

奉獻馬頭明王汝，　祈請悲賜我等眾，

殊勝共通之成就。

嗡　班雜本雜　阿梅大　巴靈大　繞大　卡繞卡

嘿。

嗡！金剛身為最勝身，　梵天帝釋不能比，

擁有如同虛空身，　頂禮讚嘆法身佛。

阿！金剛語為最勝語，　雷聲不能比宏大，

悅耳歌女所不及　大悲之眼垂觀照，頂

禮讚嘆報身佛。

吽！金剛意為最勝意，　真實鑒察利生事，

梵天帝釋心不及　具有如此大恩德，

頂禮讚嘆化身佛。

嗡！我為無明所控制，　違背無量光佛意，

懺悔班雜薩埵吽。

嗡！懺悔失壞身誓言，　頂禮讚嘆佛汝身。

阿！懺悔失壞語誓言，　頂禮讚嘆佛汝語。

吽！懺悔失壞意誓言，頂禮讚嘆佛汝意。

嗡舍索哈　班雜薩埵嗡，班雜薩埵阿，班雜薩埵吽。

艾瑪火！

神奇佛陀無量光，　大悲觀音勢至等，

無量諸佛菩薩眾，　一心恭敬而祈請，

賜我殊勝之成就，　加持成就無量光！

然後念誦中等根本咒

嗡阿梅代瓦舍。

念誦最短咒「舍」也可以。

對觀瓶中尊心間，　月輪上有紅色「舍」，

陀羅尼咒右旋繞，　放各色光照十方。

亡者為首一切眾，　所有罪障及習氣，

霜見日光般皆淨。瓶中天尊流甘露，

甘露充盈滿寶瓶。

座間盡力誦此咒，七、二十一、百遍等，誦咒加持沙亦喜。

那冒日_艾那札雅雅，那冒巴嘎瓦代，阿梅大巴雅，大沓嘎大雅，阿哈代桑袞桑布達雅，代雅塔，嗡阿梅代，阿梅道巴外，阿梅大桑巴外，阿梅大貝珍代，阿梅大嘎梅內，嘎嘎那給德噶日_艾薩瓦　噶賴夏　恰擁噶日索哈。

此陀羅尼誦一遍，十萬大劫所積集，業障即會皆清
淨。另有無量諸功德，佛陀親口所宣說。無量光佛此咒
語，載於《十萬續》之中。雖然屬於事續部，但與事續
無上軌，結合修持不相違。雖是事續長壽咒，等同無上
續修軌。極樂修法之補充，噶瑪喬麥所撰寫。

吽！薄伽梵怙無量光，一面二臂身紅色，
　　雙手定印持缽盂，雙足金剛跏趺坐。
　　化現速疾五天女，捧持寶瓶揮綢箭，
　　大種精華攝入缽，長壽甘露充盈缽，
　　之後融入自身中。

吽！向東揮動綢箭時，聚集風大之精華，
　　綠色虹光放光明。光中風大之天女，
　　一面二臂綠綢箭，手持寶瓶舞翩翩，
　　綠光燦爛纖纖步。向南揮動綢箭時，
　　聚集火大之精華，紅色虹光放光明。
　　光中火大之天女，一面二臂紅綢箭，
　　手持寶瓶舞翩翩，紅光燦爛步纖纖。
　　向西揮動綢箭時，聚集鐵大之精華，
　　白色虹光放光明。光中鐵大之天女，
　　一面二臂白綢箭，手持寶瓶舞翩翩，

白光燦爛步纖纖。向北揮動絅箭時，

聚集水大之精華，藍色虹光放光明。

光中水大之天女，一面二臂藍絅箭，

手持寶瓶舞翩翩，藍光燦爛步纖纖。

向上揮動絅箭時，聚集地大之精華，

黃色虹光放光明。光中地大之天女，

一面二臂黃絅箭，手持寶瓶舞翩翩，

黃光燦爛步纖纖。四方及上五天女，

匯集五大之光華，增長我身之光華！

四方及上五天女，匯集五大之壽命，

穩固我身之壽命！四方及上五天女，

匯集五大之精華，增長我身壽精華！

四方及上五天女，匯集五大之光明，

增長我身之光明！

　代雅塔，札給內　哈日內薩，瑪瑪阿玉，色德帕拉布追故汝耶索哈。

　艾瑪火！

　圓滿佛陀無量光，大悲觀音大勢至，

無量諸佛菩薩眾，我心恭敬頂禮讚，

祈請賜予勝成就！

　首先，長根本咒。

天法意伏藏耳傳深法類之極樂世界修法念誦文

54

嗡阿吽　阿美代瓦　阿玉色德吽。

其次：「嗡仲索哈」和「仲」，任意念誦其中之一也可以。

之後面前薄伽梵，化光融入自身中。

自身變為如彩虹，薄伽梵佛之身體，

明性空性二雙運。

艾瑪火！

神奇佛陀無量光，右側大悲觀自在，

左側菩薩大勢至，周圍無量佛菩薩。

無量神奇安樂剎，「極樂世界」為其名。

願我壽終辭世後，不為其他世阻隔，

立即投生見佛面！我依此語所發願，

祈請十方佛菩薩，加持無礙而成就！

達雅塔　班匝指雅阿瓦波達那耶索哈。

極樂修法此誦文，伏藏受教者喬麥，為令伏藏師安心，從天法中摘錄編，侍者根嘎作記錄。若有錯誤與相違，謹向天尊作懺悔。善業迴向有緣眾，往生極樂世界中。

大圓滿虛空意伏藏課誦集

16、極樂世界常修儀軌──大樂妙道

那冒！

三寶尊與三根本，諸皈依處前皈依。

為令眾生皆成佛，策發殊勝菩提心。

我今皈依三寶尊，罪業不善各懺悔，

隨喜眾生之善行，為成佛發菩提心。

諸佛、正法、聖僧伽，直至菩提間皈依。

為能成辦自他利，策發殊勝菩提心。

發起殊勝菩提心，有情皆成座上賓，

奉行悅意菩薩行，為利眾生願成佛！

願眾離苦享安樂，安樂不衰平等捨！

本淨界中變化出，遍滿天地供養雲，

曼札、王政及天女，願無窮盡布雜伙。

住地即為極樂剎，水中所生蓮花內，

自己白色菩薩身。面前蓮花月墊上，

無量光佛身紅色，一面雙手結定印，

捧持缽盂着法衣，金剛跏趺坐而居。

右側白色世自在，一面四手二合掌，

另二左右持蓮、珠，站立蓮花月輪上。

左側勢至金剛手，一面二臂身藍色，

左右二手持鈴杵，站立蓮花月輪上。

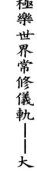

周圍無量佛菩薩，聲聞阿羅漢圍繞。

三位主尊之三處，三字母中放光明，

自從極樂世界中，迎請聖眾來融入。

吽！ 無量光佛諸天眾，祈請降臨賜加持！

向我具緣具信心，賜予殊勝之灌頂，

遣除導邪壽障礙！ 班雜薩瑪雅雜。

心間舍字放光明，迎請五部如來佛，

賜灌彌陀為頂儼。 悅耳妙音、悅意甘露水，

謹向功德海眾獻沐浴。 獻此妙衣、殊勝珍寶飾，

願諸眾生離過功德滿！

嗡 薩瓦大沓嘎大 阿貝開噶代薩瑪雅西日耶吽 嗡吽
仲舍阿，噶雅貝笑達那耶吽 班雜歪札阿隆噶曷耶索哈。

向萬有淨此佛剎，奉獻普賢供養雲，

無邊虛空諸眾生，願福慧資皆圓滿！

嗡 薩瓦大沓嘎大班雜布拜 獨拜 阿洛蓋 根代 乃衛代
夏達 布雜麥嘎薩木札薩帕曷納薩瑪耶阿吽。

吽！ 大樂剎中轉法輪，恆常大悲觀有情，

承諾成辦利生事，禮讚定印無量光。

光明、威勢皆無量，壽數無量、無量僧，

菩薩環繞為莊嚴，禮讚勝佛無量光。

主尊心間月輪上有「舍」，阿梅代瓦咒鬘右旋繞，

其中放射各色諸光明，從白毫間射出遍虛空。

供養十方一切佛菩薩，匯集諸佛加持融自身。

淨治一切眾生之罪障，成為有緣投生極樂者。

外界地方變為極樂剎，內有情眾變為無量光，

佛父母、子、男女菩薩眾，諸佛菩薩以及聖僧伽。

念咒出聲徹底拔輪迴，一切有形無形有情眾，

皆獲無量光佛之果位。

念誦根本咒及長壽咒：

嗡 阿梅代瓦舍。

那冒日ㄤ那札雅雅，那冒巴嘎瓦代，阿梅大巴雅，

大沓嘎大雅，阿哈代桑裊桑布達雅，代雅塔，嗡阿梅

代，阿梅道巴外，阿梅大桑巴外，阿梅大貝珍代，阿梅

大嘎梅內，嘎嘎那給德噶日薩瓦 噶賴夏 恰擁噶日索哈。

（最後：）

之後面前溥伽梵，化光融入自身中。

自身變為如彩虹，薄伽梵佛之身體，

明性空性二雙運。

艾瑪伙！

神奇佛陀無量光，右側大悲觀自在，

左側菩薩大勢至，周圍無量佛菩薩。
無量神奇安樂剎，極樂世界為其名，
願我壽終辭世後，不為其他世阻隔，
立即投生見佛面！我依此語所發願，
祈請十方佛菩薩，加持無礙而成就！
代雅塔 本怎指雅阿瓦包達那耶索哈
白瑪耶喜嘉措編寫

大圓滿虛空意伏藏課誦集

17、天法密意伏藏藥師佛儀軌

——琉璃水流

隆道多傑法師譯

那冒瑪哈百卡再雅！

於此若要齊備，在藥師佛的唐卡畫像之前，盡力豐盛陳設寂靜天尊供養、曼札等圓滿資糧。如果沒有，就心緣虛空進行對觀，觀想變化供養即可，不需要任何條件。這屬於無上傳軌，念誦者不必進行斷食酒肉、沐浴、漱口等清潔行為，但一定要獲得此法的灌頂與傳承，因為這是無上密咒傳軌。自觀和對觀同時進行，是寧瑪派的傳軌，所以不必分開各別觀修。寧瑪派屬於念修，所以要在心中觀想所念文義。

那冒！

三寶尊與三根本，諸皈依處前皈依。

為令眾生皆成佛，策發殊勝菩提心。

本淨界中變化出，遍滿天地供養雲。

曼札、王政及天女，願無窮盡布雜伙。

願眾離苦享安樂，安樂不衰平等捨！

嗡　掃巴瓦續導薩瓦達瑪掃巴瓦貝續導吽。

成為空性。從空性中變出三千大千世界莊嚴宮，其中各自的獅座、蓮花、月輪之上，自觀和對觀主尊的種

子字藍色「吽」字，變為藥師佛，身色猶如琉璃，放射光明，身着三衣，結勝施印的右手中有訶子，左手持缽，相好圓滿，結金剛跏趺坐。

對觀的蓮花花瓣之上，有釋迦牟尼佛等七佛和經函，諸佛之外有十六位菩薩，十六位菩薩之外有十位護世天王和十二位大將，還有各自的眷屬。四門有四大天王。

諸尊三處三字母和心間的「吽」字放光，從東方諸佛各自剎土中迎請無量本智尊，融入自觀和對觀諸聖眾之中。

吽！藥師八位如來天尊眾，祈請降臨此處賜加持，
　　賜我具緣具信勝灌頂，遣除導向邪道壽障礙！
　　那冒！瑪哈百卡再 薩巴日瓦曷班雜薩瑪雅雜雜，班雜薩瑪雅 滴剎嫩。

嗡吽仲舍阿，阿貝肯雜吽。

吽！鮮花薰香明燈香，色聲香味以及觸，
　　我今奉獻作供養，希願我等二資圓！
阿貢 巴當 布貝 都貝 阿洛给 根喋 涅威帖 夏達 如巴夏達根喋 曷薩壩謝札德擦吽。

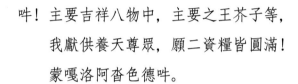

吽！主要吉祥八物中，主要之王芥子等，
　　我獻供養天尊眾，願二資糧皆圓滿！
　　蒙嘎洛阿沓色德吽。

吽！主要八種吉祥中，主要之王寶瓶等，
　　我獻供養天尊眾，願諸有情二資圓！
　　蒙嘎洛更巴吽。

吽！妙欲根本七政寶，勝王如意之寶等，
　　我獻供養天尊眾，願我二資糧圓滿！
　　嗡瑪內曷那吽。

吽！眾中最尊須彌洲，須彌、四洲及小洲，
　　我獻供養天尊眾，願二資糧皆圓滿！
　　嗡曷那曼札拉吽。

吽！我以芬芳妙香水，謹向善逝身獻浴。
　　天尊之身雖無垢，然作淨罪之緣起。

嗡薩瓦大沓嘎大 阿貝克噶代 薩瑪雅西日吽。

吽！以此柔軟香白布，擦拭如來之佛身，
　　佛身雖然無污垢，然作離苦之緣起。
　　嗡噶雅貝笑達內吽。

吽！美麗莊嚴此袈裟，環披如來之佛身。
　　佛身雖然不受涼，作增光華之緣起。
　　嗡班雜微札阿吽。

天法密意伏藏藥師佛儀軌

62

吽！身色猶如琉璃山，遣除眾生疾病苦，

八大菩薩繞周圍，禮讚持寶藥天尊。

善名、寶月與妙金，無憂、宣法與大海，

法心、釋迦牟尼佛，正法、十六菩薩等，

殊勝三寶皆禮讚。梵天、帝釋、四天王，

護世十王、十二將，以及各自之僕從，

仙眾、人天藥持明，甘露藥尊皆禮讚。

觀想自觀和對觀主尊心間「吽」字變出咒鬘，環繞種子字。盡力念誦：

代雅塔，嗡百卡再 百卡再 瑪哈百卡再 雜薩木嘎代索哈。

最後念誦：

一切罪過皆懺悔，善業迴向佛菩提，

離病魔苦願吉祥！世間眾返本處班雜木，

本智、誓言天眾融自身，本淨普賢界中艾瑪伙！

作為密意伏藏的附錄，噶瑪喬麥從天法之中歸納編寫。若有矛盾之處，進行懺悔。願依此善業，一切有情脫離疾病，速獲藥師佛之位。

嗡 那冒巴嘎瓦代 百卡再 古汝白哲雅 扎巴 雜雅，大沓嘎達雅 阿哈代 桑薣桑布達雅代雅塔 嗡百卡再 百卡再 瑪哈百卡再喝雜薩木嘎代索哈

18、佛海長壽修法

自觀大悲觀自在，身紅一面四手臂，

上面右手數念珠，上面左手持蓮花，

下面二隻手合掌，蓮花、日月之墊上，

跏趺之姿安然居，綢衣、珍寶莊嚴身。

觀音心間紅「舍」字，咒輪環繞於周圍。

「舍」字之中放光明，自從布達拉剎中，

迎請形相皆相同，萬億佛海融自身。

再觀咒輪放光明，聚威力眾壽精華，

融合滲入自身中。生起佛海身語意，

己身口意此二者，無別一體之佛慢。

嗡瑪內拜麥阿余吽。

佛海長壽修法

19、佛海五天尊

從空性中剎那間，　自身大悲紅觀音，

一面四手二合掌，　後面二手持珠蓮，

跏趺綢衣珍寶儼。　頭頂蓮師身紫色，

身著阿雜 裝束，　雙手手鼓與顱器，

雙足半跏趺而居，　右側馬頭金剛尊，

身紅忿怒裝束齊，　雙手執持手鼓、鈴，

發出馬鳴嘶叫聲。　左側紅色密智母，

執持鉞刀與顱器，　寶劍、卡杖足舞姿。

下方大黑烏雲色，　手持鉞刀、盛血顱，

身披黑色之披風，　詛咒敵魔足下踩。

主尊心間咒繞「舍」，　放光供養十方佛，

皆成大悲觀自在，　如雨降臨融自身，

獲灌、加持與成就，　念誦六字或十字咒。

薩瑪雅。密！密！密！

注：「六字」即觀音六字心咒，「十字」指在觀音
六字心咒前加上「嗡阿吽舍」。

願依如此念修生圓等，　三世所積一切善業力，

此生長壽無病受證增，　何時命終即生極樂剎，

面見法身無量光佛尊，　獲證十地而於十方剎，

化身引導一切諸眾生！

大圓滿虛空意伏藏課誦集

20、皈依依處總集本體蓮花生大師

祈禱加持我等心相續　祈禱加持內心趨正法

祈禱加持正法趨入道　祈禱加持修法無障礙

祈禱加持修行至究竟　上師知　上師知

上師三寶您遍知　幸獲難得暇滿僅此世

無常死亡何時至不定　投生輪迴何處皆苦因

善惡業果苦樂實不虛　獲解脫道上師悲心攝

發願：

　　　生生世世不離師　恆時享用勝法樂

　　　圓滿地道功德已　唯願速得金剛持

皈依依處總集本體蓮花生大師

21、隨念三寶受食儀軌

頂禮一切智智尊！

如是佛陀薄伽梵者，謂：如來、應供、正等覺、明行圓滿、善逝、世間解、無上士、調御丈夫天人師、佛、薄伽梵。諸如來者，是福等流，善根無盡。安忍莊嚴，福藏根本，妙好間飾，眾相花敷，行境相順，見無違逆。信解歡喜，慧無能勝，力無能屈。諸有情師，諸菩薩父，眾聖者王，往涅槃城者之商主。妙智無量，辯才難思，語言清淨，音聲和美；觀身無厭，身無與等。不染諸欲，不染眾色，不染無色。解脫眾苦，善脫諸蘊，不成諸界，防護諸處。永斷諸結，脫離熱惱，解脫愛染，越眾瀑流。妙智圓滿；住去、來、今諸佛世尊所有妙智；不住涅槃，住真實際。安住遍一切有情之地。是為如來正智殊勝功德。

正法者，謂：善說梵行。初善、中善、後善。義妙、文巧。純一、圓滿、清淨、鮮白。佛、薄伽梵，善說法律。正得，無病，時無間斷。極善安立，見者不空，智者各別內證。法律善顯。決定出離，趣大菩提。無有違逆，成就和順；具足依止，斷流轉道。

聖僧者，謂：正行、應理行、質直行、和敬行。所應合掌，所應禮敬。清淨功德，淨諸信施。所應惠施，普應惠施。

以上《隨念三寶經》為法尊法師譯

怙主具足大悲心　一切智智勝導師

福報功德大海藏　諸佛如來我頂禮

遠離貪欲清淨因　善根解脫諸惡趣

唯一聖義成殊勝　寂滅正法我頂禮

解脫復示解脫道　於諸學處極恭敬

具足功德勝福田　聖眾僧伽我亦禮

主尊佛陀我頂禮　救護正法我頂禮

聖眾僧伽我頂禮　於此三者恆敬禮

佛陀功德不思議　正法功德不思議

僧眾功德不思議　於不思議起正信

異熟果亦不思議　願生清淨剎土中

復次於食物

嗡阿吽

具足百味悅意食　善陳敬奉佛佛子

以此祈願諸眾生　富足享受禪悅食

如是加持後，如《攝行經》所說：「食物應當分四份，首先於聖尊供上淨食，之後護法，供上極其廣大之朵瑪，自己飲食所剩餘，施與一切部多鬼。」或如聖法《律藏》中所說分成三份。

最初以一神饈獻於上師：

嗡 格熱班匝兒內沃得阿吽

又以此獻於諸佛佛子：嗡 薩兒瓦玻達布底薩埵貝班匝兒內沃得阿吽

以此於本尊壇城諸聖眾普供：

嗡 嘎嘛得哇曼扎拉班匝兒內沃得阿吽

如是獻於妙吉祥等聖眾：

嗡 曼則西日班匝兒內沃得阿吽

如是獻於護法眾：

嗡西日達兒瑪巴拉班匝兒內沃得阿吽

對鬼魅總體獻神饍：

嗡阿嘎若莫康薩兒瓦達兒瑪囊 阿雅呢班那多達嗡阿吽呸娑哈

如是於鬼母布施一食團：

嗡哈熱得娑哈

如是於鬼母之五百子布施一食團：

嗡哈熱得瑪哈雅界呢哈嵒哈嵒薩兒瓦巴邦呢絳娑哈

如是於自在鬼魅等布施一食團：

嗡阿哲班折阿謝貝娑哈

若欲消除飲食之毒等應誦：

納美薩兒瓦布達波德薩多囊 嗡巴朗達得作巴朗呢娑哈

誦八遍後應以大拇指和無名指取食物進食；進食時，亦應對食物作不淨想、厭患想、對自身寄生虫作利

益想、令駛往菩提果之大舟稍存住想。若有貪欲增上心則不應進食。如《入行論》所說：「唯應適量食。」其方式如《八支經》所說：「身內二分食，一分飲，一分空。」又如《食物根本生經》所說：「二分食與飲，一分空而住。」又安住本尊瑜伽，為供養本尊故而受用、發願。

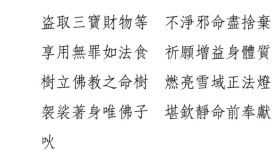

盜取三寶財物等	不淨邪命盡捨棄
享用無罪如法食	祈願增益身體質
樹立佛教之命樹	燃亮雪域正法燈
袈裟著身唯佛子	堪欽靜命前奉獻
吙	
清淨飲品和食物	本來即大會供輪
以嗡阿吽哈吙舍	轉為無漏智甘露
我身蘊界處	圓具三位體
百部壇城尊	諸動大樂性
無上金剛誓	菩提心大雲
無二平等受	瑜伽資糧圓
食物不成障	願無遮施主
獲得大乘果	

後又將餘食布施自在鬼魅等：

嗡額賊扎班哲阿謝貝娑哈

之後漱口，迴向功德。

隨念三寶受食儀軌

頂禮出有壞善逝應供正等覺普光王火光極明如來

納美薩曼達抓巴曷雜雅 達塔嘎達雅 阿哈得貝 桑雅
桑波達雅 達雅塔 納摩曼則西日耶 格瑪曷波達雅 波德薩
埵雅 瑪哈薩埵雅 瑪哈嘎熱呢嘎雅 達雅塔 嗡呢曷藍貝呢
曷巴色 匹耶 匹雅拉貝 瑪哈嘛得 達界達皆 呢美巴熱效達
雅娑哈

此咒念誦一遍，如須彌山一樣的信財亦可清淨。此
咒出自《決定調伏續》。其次如經中所說

> 願國王施主　　及餘眾有情
> 壽康悉圓滿　　常具安樂眷
> 布施鬼神敬　　布施無怨敵
> 令敵成親友　　故說施為上
> 布施世莊嚴　　布施遮惡趣
> 布施善趣梯　　布施能寂滅
> 菩薩諸受用　　無盡等虛空
> 彼為施所獲　　故施更淨增
> 應誦如是迴向及布施偈

注：1、指胃裡應二分食物，一分飲料，一分為空。

2、密乘通指蘊界是男女佛位，根境是男女菩薩
位，諸肢是忿怒佛父母位。

3、無遮：連續不斷的廣大布施和供養

大圓滿虛空意伏藏課誦集

22、般若波羅蜜多心經迴遮儀軌

無可言思般若度　不生不滅虛空體

各別自證智行境　三世佛母我敬禮

般若波羅蜜多心經

唐三藏法師玄奘 譯

觀自在菩薩行深般若波羅蜜多時，照見五蘊皆空，度一切苦厄。舍利子！色不異空，空不異色，色即是空，空即是色。受想行識，亦復如是。舍利子！是諸法空相，不生不滅，不垢不淨，不增不減。是故空中無色，無受想行識，無眼耳鼻舌身意，無色聲香味觸法。無眼界，乃至無意識界。無無明，亦無無明盡。乃至無老死，亦無老死盡。無苦集滅道，無智亦無得。以無所得故。菩提薩埵依般若波羅蜜多故，心無挂礙，無挂礙故無有恐怖，遠離顛倒夢想，究竟涅槃。三世諸佛依般若波羅蜜多故，得阿耨多羅三藐三菩提。故知般若波羅蜜多，是大神咒，是大明咒，是無上咒，是無等等咒。能除一切苦，真實不虛。故說般若波羅蜜多咒，即說咒曰：

揭諦揭諦，波羅揭諦，波羅僧揭諦，菩提娑婆訶。

般若波羅蜜多心經終

南無頂禮師、頂禮佛、頂禮法、頂禮僧！

般若波羅蜜多心經迴遮儀軌

頂禮般若波羅蜜多大佛母！

願我此諸諦實語悉皆成就！

如昔天王帝釋依於思惟般若波羅密多大佛母甚深義及念誦經文，遣除魔王波旬等一切違緣；如是我亦依於思惟般若波羅蜜多大佛母甚深義及念誦經文，於魔王波旬等一切違緣，願皆遣除！願成無有！願成寂滅！願極寂滅！！

> 不生亦不滅 不常亦不斷
>
> 不一亦不異 不來亦不去
>
> 能說是因緣 善滅諸戲論
>
> 我稽首禮佛 諸說中第一

大圓滿虛空意伏藏課誦集

23、阿底峽尊者供燈願文

索達吉堪布譯

嗡啊吽

願燈器等同三千大千世界，願燈芯巨如須彌山王，願油液多如無邊大海，願燈數於一一佛前各亮一憶，願燈光驅除有頂直至無間地獄一切有情的無明黑暗，而現見十方諸佛菩薩剎土。

嗡班扎達瑪啊洛给阿吽

哎瑪吙！

稀奇稀有光明燈　　賢劫千尊佛陀等

浩瀚十方無餘剎　　師尊空行及護法

壇城尊眾前供養　　父母為主諸有情

願今生及世世中　　親睹圓滿佛淨土

無別怙主無量光　　於依三寶三根本

尊眾諦實之威力　　發願速成祈加持

達雅塔　班扎哲雅阿哇波達呢耶娑哈

阿底峽尊者所造供燈願文終。阿底峽尊者於衛藏諸供殿供燈時，十八位阿闍黎一口同聲宣說。願吉祥！

注：1、師尊：指上師與本尊。

74

一切如海如來前　　供上無數如海燈

如海有情得成佛　　輪迴大海皆干涸

　　　秋楊讓卓造

供燈發願文

覺力無滅普照此明燈　　供大成就持明蓮花生

覺性所遍一切諸有情　　願於覺空法身界解脫

盡虛空際浩瀚剎土中　　稀有佛法僧寶及所依

一切積累資糧勝福田　　彼等無餘現量慧眼前

敬奉光亮明燈此妙供　　願我以及無量諸有情

無明愚癡黑暗皆消除　　現見遍知智慧之光明

大圓滿虛空意伏藏課誦集

24、寂忿天尊懺悔小儀軌

頂禮薄伽梵無量寂忿天尊!

艾瑪伙!

十方四時大主尊,	所有殊勝諸上師,
寂忿天尊皆垂念!	祈請降臨至此處,
安居蓮花、日月墊。	為淨壞誓地獄罪,
祈請享用頂禮供。	頂禮功德圓滿諸上師!
頂禮無緣離戲法身佛!	頂禮大樂圓滿報身佛!
頂禮眾生怙主化身佛!	頂禮不變本性金剛身!
頂禮清淨現證菩提身!	頂禮平息煩惱寂靜尊!
頂禮盡斷邪見忿怒尊!	頂禮方怙壽主文殊身!
頂禮發離過聲蓮花語!	頂禮清淨有益金剛意!
除五毒病甘露藥天尊!	頂禮摧凶惡眾普巴尊!
頂禮大種之主瑪木眾!	頂禮道地圓滿持明眾!
頂禮守護聖教具誓眾!	頂禮降伏敵魔諸咒主!
寂忿天尊佛壇城,	若人聞名致頂禮,
一切壞誓過皆淨,	五無間罪何須論?
地獄處所盡拔除,	轉為持明佛刹土。
念誦金剛薩埵咒,	能淨業障失誓障,

盡拔輪迴密心髓:

嗡班雜薩埵薩瑪雅, 瑪呢巴拉雅, 班扎薩埵迪諾巴,

寂忿天尊懺悔小儀軌

迪叉知卓美巴瓦，色多卡約美巴瓦，色波卡約美巴瓦，
阿呢曷多美巴瓦，薩瓦色德瑪美札雅匝，薩瓦嘎瑪色匝
美，則當希央格熱吽，哈哈哈哈伙，巴嘎萬，薩瓦達塔嘎
達，班雜瑪美門匝，班扎巴瓦，瑪哈薩瑪雅薩埵阿。

伙！所有善逝祈垂念！佛陀教言、師法語，
未依教行、罵闍黎，　　對於金剛諸同門，
邪見、壞心、口中語，毆打、真實加損害，
天尊壇城未明觀，念誦不淨、殘缺過，
說應守密與所托，宣揚十密、騙上師，
壞根本誓發露懺！應當奉行五誓言，
五所知與五所修，　　五不捨與五樂取，
壞支分誓發露懺。　　遠離念修禪定誓，
望晦六時供養斷，　　懈怠、積存會供狼，
新剩失壞、未補足，懺悔覺察未覺察，
三門無量失誓罪。　　依見懺悔意失誓，
即於賴耶菩提心，　　現證無有是之見，
修無有非之密意，　　現證無有是非行！
無有疑望菩提心，　　一切根本支分誓，
失壞罪過未曾生，　　無能所懺得解脫。

摘自大伏藏師古汝確旺的甚深伏藏法《秘密圓滿八
大教言續》。善哉！

25、三十五佛懺悔文

南無皈依十方盡虛空界一切諸佛

南無皈依十方盡虛空界一切尊法

南無皈依十方盡虛空界一切賢聖僧

南無如來、應供、正遍知、明行足、善逝、世間解、無上士調御丈夫、天人師、佛、世尊

南無釋迦牟尼佛　　　南無金剛不壞佛

南無寶光佛　　　　　南無龍尊王佛

南無精進軍佛　　　　南無精進喜佛

南無寶火佛　　　　　南無寶月光佛

南無現無愚佛　　　　南無寶月佛

南無無垢佛　　　　　南無離垢佛

南無勇施佛　　　　　南無清淨佛

南無清淨施佛　　　　南無娑留那佛

南無水天佛　　　　　南無堅德佛

南無旃檀功德佛　　　南無無量掬光佛

南無光德佛　　　　　南無無憂德佛

南無那羅延佛　　　　南無功德華佛

南無蓮花光遊戲神通佛　南無財功德佛

南無德念佛　　　　　南無善名稱功德佛

南無紅焰帝幢王佛　　南無善遊步功德佛

78

南無鬥戰勝佛　　　　南無善遊步佛

南無周匝莊嚴功德佛　　南無寶華遊步佛

南無寶蓮花善住娑羅樹王佛。

以上佛號摘自《佛說決定毗尼經》

如是皈命已，所有十方一切世界，如來應供正等覺，諸佛世尊，常住在世，願諸世尊，憶念於我。若我此生，若我前生，無始生死以來，在一切輪迴中所受生處，所作眾罪，若自作，若教他作，見作隨喜。若塔物，若僧物，若十方僧物。若自取，若教他取，見取隨喜。五無間罪，若自作，若教他作，見作隨喜。十不善道，若自入，若教他入，見入隨喜。由是罪障之所覆藏，我有情，應墮地獄，餓鬼旁生，或生邊地，及蔑戾車，或生長壽諸天，設得人身，諸根不具，或執邪見，或厭諸佛出興於世。所有罪障，今對一切諸佛世尊，智慧者，眼證者，稱量者，知者，見者，彼諸尊前，發露懺悔，不敢覆藏，從此制止永不再犯。願彼諸佛世尊，憶念於我，若我此生，若我前生，無始生死以來，在其他輪迴中，所受生處，乃至施與畜生一搏之食，若我布施之善根，若我護戒之善根，若我淨行之善根，若我成熟諸有情之善根，若我發無上菩提心之善根，若我修無上智之善根，悉皆合集，較計籌量，今對無上、無能

勝、勝中勝、尊中尊前，悉皆迴向阿耨多羅三藐三菩提。過去諸佛世尊云何迴向，未來諸佛世尊云何迴向，現在諸佛世尊云何迴向，我亦如是普皆迴向。眾罪皆懺悔，諸福盡隨喜，我今勸請祈禱一切佛，願證最勝無上智。過去未來現在佛，人中最勝尊，讚歎無量功德海，我今合掌皈命禮。

菩薩具足大悲力　　利益救護諸有情
救護無依罪惡我　　彼諸菩薩我皈依
身業有三種　　　　口業復有四
以及意三業　　　　十不善盡懺
願戒淨無垢　　　　無執戒度圓
無始至今生　　　　十惡五無間
心隨煩惱轉　　　　諸罪皆懺悔
我昔所作諸惡業　　皆由無始貪嗔癡
從身語意之所生　　一切我今皆懺悔
所有禮讚供養福　　請佛住世轉法輪
隨喜懺悔諸善根　　迴向眾生及佛道

26、阿底峽著僧伽總懺悔文

土丹尼瑪堪布譯

阿呵呵拉索！祈請上師大金剛持等安住十方一切諸佛、菩薩、大德僧伽垂念於我：我名[某某]，從無始生死而至今時，因貪嗔癡煩惱所驅，從身語意三門造作十種惡業、五無間罪及近五無間罪；違犯別解脫律儀、菩薩學處以及密乘三昧耶；不恭敬父母、親教師、軌範師及與我同修梵行者，造作損害三寶之業；背棄正法；毀謗聖僧伽；傷害有情等一切惡業集聚，或自作、或教他作、或見作隨喜。總之一切惡業，皆是獲得增上生及解脫二處利樂最大障礙，成為輪迴生死尤其墮入惡趣之因。故我今於上師大金剛持等一切安住十方諸佛、菩薩、大德僧伽面前，懺悔發露，不作覆藏，從此制止。我若發露懺悔，則可獲得安樂；若不發露懺悔，則無矣。三遍

大圓滿虛空意伏藏課誦集

身業有三種，	口業復有四，
以及意業三，	十不善盡懺。
從無始至今，	十惡五無間，
心隨煩惱故，	諸罪皆懺悔。
我昔所造諸惡業，	皆由無始貪嗔癡，
從身語意之所生，	一切我今皆懺悔。
所有禮讚供養福，	請佛住世轉法輪，
隨喜懺悔諸善根，	迴向眾生及佛道。

27、四臂觀音修法如意寶

頂禮聖尊大悲觀世音菩薩！

舍！

自身剎那三摩地	空性中現蓮月墊
白蓮上舍變成為	大悲主尊聖觀音
一面四臂身皎潔	初手合掌於胸前
下右手持晶珠串	左拈八瓣白蓮莖
笑顏明目鼻修隆	深藍髮髻上旋繞
頂住佛陀無量光	如是明觀其心間
白蓮中央舍安住	六字住於六瓣上
嗡瑪尼巴美吽舍	如是明觀身放光
諸現現空聖尊身	當緣聖王大悲尊
咒語放光大聲等	諸聲響空密咒音
諸念遠離生住滅	安住密意離言思
如是明觀六字咒	勿失音調誦六字
嗡瑪尼巴美吽舍	

恆常如是當誦修，時而供讚托事業，善根迴向大菩提，聖尊觀世音修法如意寶終。薩瑪雅！嘉嘉嘉！化身大持明者於西方紅色銅藏處取藏。芒嘎朗！

我今速以此善根　成就觀音聖尊眾

令諸眾生無一餘　悉皆安置於此地

注：1、大聲等：四大種地水火風所發出的聲音等。

82

28、迴向魔崇部多煙施儀軌——解脫一切惡緣

將炒麵與酥油、血、肉等食物（摻和少許甘露丸等聖物更佳）混合而燒，於上洒稍許水。自觀為聖觀世音，於諸所緣眾生，生起猛厲悲心。

嗡啊吽 納美薩兒瓦達塔嘎達阿哇洛格得 嗡桑巴ra桑巴ra吽（七遍）

南無多寶如來　　南無妙色身如來

南無廣博身如來　南無離怖畏如來

如是念誦聖號，加持所燒食物成所緣眾生大樂性之無盡所欲受用品。

吙

具六妙欲烟施供　　隨其所欲成供雲

充滿天地虛空界　　無盡安樂此大藏

六道一切悲客前　　尤於此方漂遊之

魔類債主怨敵眾　　饞鬼奪命凶死鬼

病主瘟神耗失主　　鄉鬼親鬼唆使鬼

以諸貪欲吝嗇心　　隨逐於人與財物

或以嫉妒嗔恨心　　於諸有情損害者

尋香並與中陰身　　餓魔耗鬼餓鬼類

為輪迴業所驅使　　種種身形常奔波

種種飲食遍尋覓　　種種不同諸意行

大圓滿虛空意伏藏課誦集

種種大权小勢之
不分勝敗無偏私
隨其所欲獲得已
願皆具足菩提心
貪圖財寶盜飲食
以此供施願飽足
仇恨罪障咸清淨
以此供施我迴向
我與一切諸有情
一切違緣皆遠離
身處魔障悉解脫
吉祥如意願圓滿
願諸能害與所害
獲證無別正覺果
願諸受用無間斷
願能自在而享用
以無耽執受用已
願得無生法性身
諸佛如來加持力
為利一切有情故
願於無餘世間界

遍作種種損惱事
一切魔崇部多前
如意迴向無盡藏
障害惡毒悉消除
貪生愛命竊奪魂
妨害吉祥諸部多
宿世怨債悉還清
痛苦煩惱願息滅
願諸部多皆飽足
非時死與疾病等
諸所希欲恆滿足
所願障礙盡消除
以彼等性覺心力
皆於大樂法界中
一切如同虛空藏
無諍亦無諸損惱
具足無漏六妙欲
即證無我平等義
以我清淨福德力
及與法界緣起力
一切所欲諸事業

悉皆能够隨其宜　無有障礙得成辦

蓮師語：

三界清淨剎　　　三有大悲客

充遍無盡食　　　以證法性力

迴向無盡藏

於不離如上緣想中隨力念誦

嗡阿吽　嗡嘛呢巴美吽舍　百遍以上

經中偈

以此廣大布施力　願諸眾生自成佛

過去如來未度者　由此供施願解脫

如是等發願

所有部多願聚此　或居地上或住空

願恆慈憫諸有情　晝夜勤行諸善法

平息八萬魔部類　遠離違逆損害緣

順緣成就且圓滿　願此吉祥如意成

如是誦吉祥偈也

　　此乃圓滿施波羅密多、息滅諸障礙之殊勝方便。是故無論何人，應當勤修也，尤其，於惡世諸眾生之貪心、貪欲增上之時；許多饞鬼、邪魔於人畜作害、於諸受用多作損耗之時；彼等為財食而漂遊種種之境，流行瘟疫、耗損家畜及令多惡夢之時；又狼、鼠等作害之

時；遭受鬼害或狐疑鬼害等等之時，若行持此法，則能平息障礙與禍患。若恆時引發相續中悲心而行持者，則理所當然能成贖死、遠離病魔、息滅惡夢、增上順緣、圓滿資糧等自他暫時與究竟之利樂，諸多必要，無須盡述，故應勤奮也。此於嘉多自在洞，以夢緣故，於次日十月十八日，麥彭巴以利人之心而造之。善哉！芒嘎朗（增吉祥）！

注：1、六妙欲：謂色、聲、香、味、觸、法此六種悅意享受。

2、祟：謂：鬼神予人災禍。

3、部多：梵語：謂惱害人畜之魑魅、鬼神。

迴向偈

此福願得一切智　摧伏一切過患敵

生老病死猶湧濤　願度有海諸有情

29、普賢行願品

發願

我隨一切如來學	修習普賢圓滿行
供養過去諸如來	及與現在十方佛
未來一切天人師	一切意樂皆圓滿
我願普隨三世學	速得成就大菩提
所有十方一切剎	廣大清淨妙莊嚴
眾會圍繞諸如來	悉在菩提樹王下
十方所有諸眾生	願離憂患常安樂
獲得甚深正法利	滅除煩惱盡無餘
我為菩提修行時	一切趣中成宿命
常得出家修淨戒	無垢無破無穿漏
天龍夜叉鳩槃荼	乃至人與非人等
所有一切眾生語	悉以諸音而說法
勤修清淨波羅蜜	恆不忘失菩提心
滅除障垢無有餘	一切妙行皆成就
於諸惑業及魔境	世間道中得解脫
猶如蓮花不着水	亦如日月不住空
悉除一切惡道苦	等與一切群生樂
如是經於剎塵劫	十方利益恆無盡
我常隨順諸眾生	盡於未來一切劫
恆修普賢廣大行	圓滿無上大菩提

大圓滿虛空意伏藏課誦集

所有與我同行者　於一切處同集會
身口意業皆同等　一切行願同修學
所有益我善知識　為我顯示普賢行
常願與我同集會　於我常生歡喜心
願常面見諸如來　及諸佛子眾圍繞
於彼皆興廣大供　盡未來劫無疲厭
願持諸佛微妙法　光顯一切菩提行
究竟清淨普賢道　盡未來劫常修習
我於一切諸有中　所修福智恆無盡
定慧方便及解脫　獲諸無盡功德藏
一塵中有塵數剎　一一剎有難思佛
一一佛處眾會中　我見恆演菩提行
普盡十方諸剎海　一一毛端三世海
佛海及與國土海　我遍修行經劫海
一切如來語清淨　一言具眾音聲海
隨諸眾生意樂音　一一流佛辯才海
三世一切諸如來　於彼無盡語言海
恆轉理趣妙法輪　我深智力普能入
我能深入於未來　盡一切劫為一念
三世所有一切劫　為一念際我皆入
我於一念見三世　所有一切人獅子
亦常入佛境界中　如幻解脫及威力

普賢行願品

88

於一毛端極微中　出現三世莊嚴剎
十方塵剎諸毛端　我皆深入而嚴淨
所有未來照世燈　成道轉法悟群有
究竟佛事示涅槃　我皆往詣而親近
速疾周遍神通力　普門遍入大乘力
智行普修功德力　威神普覆大慈力
遍淨莊嚴勝福力　無著無依智慧力
定慧方便威神力　普能積集菩提力
清淨一切善業力　摧滅一切煩惱力
降伏一切諸魔力　圓滿普賢諸行力
普能嚴淨諸剎海　解脫一切眾生海
善能分別諸法海　能甚深入智慧海
普能清淨諸行海　圓滿一切諸願海
親近供養諸佛海　修行無倦經劫海
三世一切諸如來　最勝菩提諸行願
我皆供養圓滿修　以普賢行悟菩提
一切如來有長子　彼名號曰普賢尊
我今迴向諸善根　願諸智行悉同彼
願身口意恆清淨　諸行剎土亦復然
如是智慧號普賢　願我與彼皆同等
我為遍淨普賢行　文殊師利諸大願
滿彼事業盡無餘　未來際劫恆無倦

大圓滿虛空意伏藏課誦集

我所修行無有量　獲得無量諸功德
安住無量諸行中　了達一切神通力
文殊師利勇猛智　普賢慧行亦復然
我今迴向諸善根　隨彼一切常修學
三世諸佛所稱嘆　如是最勝諸大願
我今迴向諸善根　為得普賢殊勝行
願我臨欲命終時　盡除一切諸障礙
面見彼佛阿彌陀　即得往生安樂剎
我既往生彼國已　現前成就此大願
一切圓滿盡無餘　利樂一切眾生界
彼佛眾會咸清淨　我時於勝蓮花生
親睹如來無量光　現前授我菩提記
蒙彼如來授記已　化身無數百俱胝
智力廣大遍十方　普利一切眾生界
及至虛空世界盡　眾生及業煩惱盡
如是一切無盡時　我願究竟恆無盡
十方所有無邊剎　莊嚴眾寶供如來
最勝安樂施天人　經一切剎微塵劫
若人於此勝願王　一經於耳能生信
求勝菩提心渴仰　獲勝功德過於彼
即常遠離惡知識　永離一切諸惡道
速見如來無量光　具此普賢最勝願

普賢行願品

90

此人善得勝壽命　此人善來人中生
此人不久當成就　如彼普賢菩薩行
往昔由無智慧力　所造極惡五無間
誦此普賢大願王　一念速疾皆消滅
族姓種類及容色　相好智慧咸圓滿
諸魔外道不能摧　堪為三界所應供
速詣菩提大樹王　坐已降伏諸魔眾
成等正覺轉法輪　普利一切諸含識
若人於此普賢願　讀誦受持及演說
果報唯佛能證知　決定獲勝菩提道
若人誦此普賢願　我說少分之善根
一念一切悉皆圓　成就眾生清淨願
我此普賢殊勝行　無邊勝福皆迴向
普願沉溺諸眾生　速往無量光佛剎

《普賢行願品》終

成就所願誓言

以佛所獲三身之加持　法性不變真諦之加持
僧眾不退意樂之加持　如是迴向發願悉成就

成就所願咒

達雅塔　班贊哲雅阿瓦波達呢耶所哈

30、願海精髓——普賢剎之杲日

無邊二資功德所成身	具足六十支分梵音語
十力功德周遍圓滿意	天中勝天仁王祈垂念
佛以廣大慈悲近攝受	極劇三苦摧殘之眾生
為欲二利所願如意成	而發無上殊勝菩提心
我亦乃至等空眾生盡	不貪自利寂樂之享受
依於利他如飾勝意行	從而趣入三有之大城
所有生世慧藏唯一父	文殊勇士歡喜而攝受
由從普賢行願品所說	如海菩薩行願皆圓滿
未來導師九百九十六	於此剎中示現成佛時
恆時隨行願成勝弟子	願獲廣弘事業威猛力
一切賢劣業繫眾有情	此生命終往生極樂剎
獲得無量光佛語授記	智悲力之威勢願圓滿
無垢聖教興盛常住世	無偏眾生享受勝利樂
意中所願恆時唯有此	祈賜諦語加持成辦之
祈願一切眾生生存因	圓滿四德寶藏皆成就
遍尋不得違逆與衰敗	善妙光照三地增吉祥

　　如是於中土金剛座，菩提樹莊嚴之世尊法座前，阿旺洛珠宗美所言，願諸佛菩薩加持如是成就。弟子索達吉由錄音整理成文，並亦如是發願。善矣！鐵馬年九月

願海精髓——普賢剎之杲日

92

十日（1990.11.29）

　　注：（四部藏：謂財富、妙欲、勝法、解脫。前二者為世間安樂之因與果；後二者為出世安樂之因果）。2000年11月譯於喇榮。

31、文殊大圓滿基道果無別發願文

——覺空金剛自相

全知麥彭仁波切　造

索達吉堪布　　譯

十方四時善逝佛子俱　智慧之身無二聖尊相

文殊童子平等自性中　祈願自然成就無作義

本來怙主具德上師尊　以見法身等性之敬心

義傳密意加持入吾心　願得覺性力之大灌頂

本來住故不依勤作修　亦不觀待根基差別等

自心簡易難信之秘密　願以上師竅訣力見之

戲論觀察妄加分別心　尋覓修行自己徒勞因

緣法修習延誤入樊籠　願能斷除戲論痛苦根

遠離言思雖無見何法　亦無未見所剩之餘法

自心深處堅信甚深義　願證難以詮示之真如

戲論本淨之故離有邊　覺相自成之故離無邊

雖說二者分別取式許　願見無別離說平等義

於此猶如以指標示月　初時雖以言思為詮示

自然法性超離言思境　願見自己本住自性義

於此不見所捨之諸法　亦無建立所修之法故

遠離破立勤作法性中　願能趣入自然安住義

假立所知本基能行道　以及所得果位之諸法

94

自性界如虛空分次第　　願能安住無作自成義
迷亂假立不淨輪迴法　　與彼相反清淨之顯現
觀待假立均為戲論法　　願見無戲本體不住義
離意法性本來之住相　　見修成垢分別為遮障
究竟本性實相離見修　　願能安住自然真實義
一切所緣即為見解毒　　一切勤作即為修習過
一切取捨行為之險隘　　願能現見離苦之法性
未入戲論樊籠覺性相　　遠離分別現量見彼性
伺意猶將虛空打疙瘩　　願能通達自住真實義
彼時自覺童子瓶佛身　　智分自光明顯妙吉祥
願以自然智慧之燈光　　摧毀一切極深黑暗障
不改法性本來無為法　　無有重新改造修行道
不由因生究竟之果位　　願能現見本來自住義
伺察意句糠秕迷亂道　　如何宣說不離分別網
不由教生自己所證義　　願能以心修持深竅訣
能取所取其性即迷亂　　如何執着並非真如性
不由心生自然智慧身　　願能成就了義正等覺
覺空覺性界中圓諸法　　皆成唯一明點平等性
息滅一切輪涅之希懼　　願得不住法身究竟果
此等所現一切身與境　　皆如毛髮分別心所現
是以無念大智自相中　　願能現前法盡本來界

大圓滿虛空意伏藏課誦集

爾時等同虛空智慧身　饒益十方三時無邊眾

普降一切所欲如意寶　願得究竟離障勝果位

此願文乃為共稱為加納扎革勒金剛亥母之化身——至尊護樂智慧自在母，於火狗年三月十二日，供養吉祥哈達、珠寶嚴飾之白水晶念珠等聖物並作勸請，而為因緣，麥彭文殊歡喜或名光明金剛者，心中頓時顯現此大圓滿不共自宗之術語，並於當日圓滿所造。以此善業，願諸眾生，獲得本來怙主文殊童子之果位。

僅聞亦定得解脫　金剛持讚殊勝道

思維此理何須說　法性諦力速解說

有勤因乘難調時　續云普賢教出世

聖言所讚精藏教　願彼周遍諸世間

芒嘎朗…

譯於色達喇榮五明佛學院。丁丑年七月四日（公曆1997年9月3日）

文殊大圓滿基道果無別發願文

96

32、嘎瑪喬美仁波切極樂願文

喬美仁波切 造

索達吉堪布 譯

此乃我所修持法，思維饒益多眾生，
手雖痛却勤書寫，若有欲抄者應借。
無有勝此之功德，無有更深之教言，
乃是吾之根本法，精進修持勿捨棄。
此屬顯宗法要故，未得傳承亦可誦。
唉瑪吙！

自此日落之方向，越過無數眾世界，
稍許上方聖境處，即是清淨極樂剎。
我等肉眼雖未見，自心却應明然觀。
彼剎阿彌陀佛尊，紅蓮寶色光耀眼，
無見頂相足輪等，三十二相八十好；
一面二臂定持缽，著三法衣跏趺坐，
千瓣蓮花月墊上，身背依靠菩提樹；
慈悲慧眼遙視我。右側觀世音菩薩，
身白左手持白蓮；左側大勢至菩薩，
身藍左持金剛蓮；右手施依印向吾。
三大主尊如山王，巍然明然坦然住。
大乘比丘十千億，身皆金色相好飾，
著三法衣黃燦燦。敬禮遠近無別故，

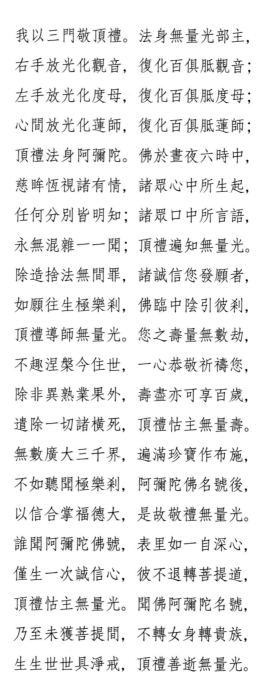

我以三門敬頂禮。 法身無量光部主，
右手放光化觀音， 復化百俱胝觀音；
左手放光化度母， 復化百俱胝度母；
心間放光化蓮師， 復化百俱胝蓮師；
頂禮法身阿彌陀。 佛於晝夜六時中，
慈眸恆視諸有情， 諸眾心中所生起，
任何分別皆明知； 諸眾口中所言語，
永無混雜一一聞； 頂禮遍知無量光。
除造捨法無間罪， 諸誠信您發願者，
如願往生極樂剎， 佛臨中陰引彼剎，
頂禮導師無量光。 您之壽量無數劫，
不趣涅槃今住世， 一心恭敬祈禱您，
除非異熟業果外， 壽盡亦可享百歲，
遣除一切諸橫死， 頂禮怙主無量壽。
無數廣大三千界， 遍滿珍寶作布施，
不如聽聞極樂剎， 阿彌陀佛名號後，
以信合掌福德大， 是故敬禮無量光。
誰聞阿彌陀佛號， 表裡如一自深心，
僅生一次誠信心， 彼不退轉菩提道，
頂禮怙主無量光。 聞佛阿彌陀名號，
乃至未獲菩提間， 不轉女身轉貴族，
生生世世具淨戒， 頂禮善逝無量光。

嘎瑪喬美仁波切極樂願文

吾身受用及善根，　一切真實之供品，

意幻七寶瑞相物，　本成三千世界中，

十憶日月洲須彌，　天人龍之諸受用，

意幻供養無量光，　為利我故悲納受。

父母為主吾等眾，　從無始時至今生，

殺生偷盜非梵行，　發露懺悔身三罪。

妄語離間綺惡語，　發露懺悔語四罪。

貪心害心與邪見，　發露懺悔意三罪。

殺師父母阿羅漢，　惡心損害佛身體，

發露懺悔無間罪。殺害比丘與沙彌，

污尼毀像塔寺等，　發露懺悔近無間。

三寶殿經所依等，　以彼作證違誓等，

發露懺悔捨法罪。誹謗諸菩薩之罪，

較殺三界有情重，　發露懺悔無義罪。

聞善功德惡過患，　地獄痛苦壽量等，

認為不實僅說法，　此罪重於五無間，

發露懺悔無解罪。十三僧殘四他勝，

墮罪惡作向彼悔，　發露懺悔五墮罪。

四惡法罪十八墮，　發露懺破菩薩戒。

十四根本八粗支，　發露懺破誓言罪。

未受戒律造惡業，　非梵行及飲酒等，

一切自性之罪過，　發露懺悔未知罪。

大圓滿虛空意伏藏課誦集

雖受皈戒灌頂等，　不知守戒護誓言，
發露懺悔佛制罪。　若無悔心懺不淨，
昔所造罪如服毒，　以大慚畏悔懺罪。
後無戒心罪不淨，　發誓此後遇命難，
亦不造作不善業。　阿彌陀佛及佛子，
加持淨化我相續。　聞聽他人行善時，
若捨嫉妒不喜心，　誠心歡悅作隨喜，
佛說同獲彼福德。　故於聖者及凡夫，
所作諸善皆隨喜。　於發無上菩提心，
廣利有情皆隨喜。　斷十不善行十善，
救護他命發布施，　守持戒律說實語，
化怨言語直柔和，　少欲言說具義語，
修持慈悲行正法，　於彼善法皆隨喜。
十方浩瀚世界中，　圓滿正覺後不久，
我於彼等前祈請，　迅速廣轉妙法輪，
佛以神通知彼義。　於佛菩薩持教師，
諸欲涅槃彼等前，　祈請住世不涅槃。
以此為主三世善，　迴向一切諸有情，
願皆速得無上果，　根除三界之輪迴。
願善我今速成熟，　遣除十八種橫死，
身康力壯韶華丰，　如夏恆河無盡財，
無魔怨害享正法，　如法成就諸所願，

嘎瑪喬美仁波切極樂願文

100

弘法利生大益成，　使此人身具意義。

與我結緣眾，　願臨命終時，

化身無量光，　比丘僧眷繞，

親臨吾等前。　見彼心歡悅，

無有死亡苦。　願八大菩薩，

神力臨空中，　指示極樂道，

接引往生也。　惡趣苦難忍，

人天樂無常，　願生畏彼心。

無始至今生，　漫長漂輪迴，

願生厭離心。　設使人轉人，

受生老病死，　濁世違緣多，

人天之安樂，　猶如雜毒食，

願毫無貪求。　食財親友朋，

無常如夢幻，　願毫無貪戀。

故鄉屬地宅，　猶如夢境宅，

願知不成實。　無解輪迴海，

如罪犯脫獄，　願義無反顧，

趨往極樂刹。　願斷諸貪執，

如鷲脫網羅，　瞬間便越過，

向西方空中，　無量世界刹，

詣至極樂國。　願面見彼刹，

住世無量光，　淨除諸罪障。

大圓滿虛空意伏藏課誦集

101

四生中最勝，蓮花蕊中生。
願得化身生，剎那身圓滿，
願獲相隨好。因疑不往生，
於五百年中，雖具樂受用，
聽聞佛語聲，然花不綻放，
延誤見佛顏，願我無此過。
往生花即開，願見無量光。
以福力神變，手掌中放出，
不可思供雲，願供佛眷屬。
爾時願如來，展右手摸頂，
得菩提授記，聞深廣法已，
願熟解自續。願佛二長子，
觀音大勢至，加持並攝受。
每日中十方，無量佛菩薩，
供養無量光，蒞觀彼剎時，
願承侍彼等，獲得法甘露。
以無礙神變，願上午前赴，
現喜具德剎，妙圓密嚴剎。
不動寶生佛，不空毗盧佛，
求灌頂加持，受戒作廣供。
傍晚無艱難，返回極樂國。
普陀楊柳宮，鄔金妙拂洲，

嘎瑪喬美仁波切極樂願文

102

十憶化身剎，願見觀世音，
度母金剛手，蓮師等十憶。
奉如海供品，求灌頂深教，
速直返自剎。願天眼明見，
生前友侍徒，加持並護佑，
亡時接彼剎，賢劫一大劫。
極樂剎一日，無數劫無死，
願恆住彼剎。彌勒至勝解，
賢劫諸佛陀，降臨此剎時，
以神變詣此，供佛聞正法。
爾後願無礙，返回極樂剎。
八百一十萬俱胝，那由他佛之佛剎，
功德莊嚴皆合一，願生勝過諸剎土，
無上殊勝極樂剎。珍寶大地平如掌，
寬敞明亮光閃閃，壓陷抬反富彈性，
願生輕滑舒適剎。眾寶所成如意樹，
樹葉錦緞珍果飾，彼上幻鳥出妙音，
鳴唱深廣之法音，願生極為稀有剎。
眾具八支香水河，如是甘露諸浴池，
七寶阶梯寶磚圍，芳香蓮花具果實，
蓮花散射無量光，光端嚴飾化身佛，
願生極其稀奇剎。無八無暇惡趣聲，

病魔煩惱三五毒，　怨敵貧乏戰爭等，
彼剎未聞諸痛苦，　願生極其安樂剎。
無有女人無胎生，　皆由蓮花苞中生，
諸身無別金黃色，　頂髻等相隨好飾，
五眼六通悉具足，　願生無量功德剎。
自然眾寶無量宮，　所欲受用意念生，
無勤任運所需成，　無有你我無我執，
所欲供雲手掌生，　行持無上大乘法，
願生諸樂之源剎。香風普降妙花雨，
諸樹河蓮中恆生，　悅意色聲香味觸，
受用以及供雲聚，　雖無女人眾化身，
供養天女恆時供；欲安住時無量宮，
欲睡眠時妙寶座，　具眾錦緞被墊枕；
鳥樹河流樂器等，　欲聞時出妙法音，
不欲之時即不聞；彼等甘露池溪流，
冷暖適度隨所欲，　願生如意所成剎。
彼剎阿彌陀佛尊，　住無數劫不涅槃，
願於其間承侍彼。一旦佛陀趣涅槃，
二恆河沙數劫中，　教法住世之時期，
不離補處觀世音，　願於期間持正法。
黃昏法沒次黎明，　觀音現前成正覺，
爾後彼佛名號為，　勝光妙聚王如來，

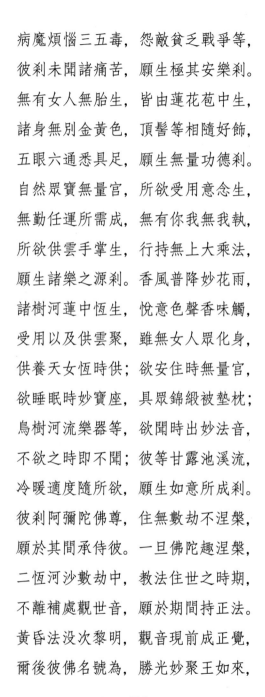

104

願供奉彼聞正法。壽量九百六十萬，
俱胝那由他劫久，願恆恭敬承侍彼，
不忘總持受持法。涅槃之後彼教法，
住世六億三十萬，俱胝劫間持正法，
願恆不離大勢至。大勢至現前成佛，
爾後彼佛名號為，堅德寶聚王如來。
壽量教法等觀音，願於期間恆承侍，
供品供養持諸法。願我壽命盡立即，
於彼剎或他淨剎，獲得無上正等覺。
成佛後如無量光，僅聞名號熟解眾，
化身無數引眾生，無勤任運利有情。
善逝壽量及福德，德智威光皆無量，
法身無量光佛陀，壽智無量出有壞。
何人持誦您名號，除非往昔業異熟，
水火毒刃夜羅剎，佛說諸畏皆可救。
我持佛號頂禮您，祈救一切怖畏苦，
吉祥圓滿祈加持！願以佛所獲三身，
法性不變真實諦，僧眾不退之加持，
成就所發之大願。頂禮三寶

成就所願咒

達雅塔 班贊哲雅阿瓦波達呢耶所哈

頂禮三寶

增倍咒

納麼瑪則西耶，納麼色西耶，納麼厄達瑪西耶梭哈。

念誦後頂禮三拜，會增為十萬倍。最好頂禮百拜，中等盡量多，最差也要頂禮七拜。

這篇發願文最好一直念誦不斷，中等逐年逐月不斷，最差也在有時間時面朝西方，心念極樂世界，合掌信仰無量光佛，一心念誦，即會遣除此生壽命障礙，來世無疑必生極樂世界。

此篇發願文是《阿彌陀經》、《極樂世界莊嚴經》、《白蓮花無死鼓音經》的密意，由比丘噶瑪喬麥編寫，願其成為眾多有情投生極樂世界之因。一切吉祥！

嘎瑪喬美仁波切極樂願文

106

33、天法迴向發願文

一切方所與時間，佛與菩薩祈垂念！

隨喜圓滿二資糧。我以三世所積善，

奉獻供養三寶尊，願佛聖教昌且盛！

善業迴向諸有情，願眾悉皆獲佛果！

願聚所有諸善根，於我相續得成熟！

願二障淨資糧滿，長壽無病體證增，

此生之中登十地！希願何時壽終際，

立即投生極樂國！願投生後蓮花開，

一身成佛成正覺！願證菩提後永久，

以變化身導眾生！薩瑪雅　密！密！密！

這是化身美久多傑的伏藏法。

願自普賢金剛持，直至大恩根本師，

為利眾生所發願，令自與他皆滿願！

願生安樂唯一處，聖教長久住世間，

秉持聖教諸士夫，壽命長久永住世！

願具德師壽長久，量等虛空眾安樂，

自他積資淨罪障，速登正覺佛果位！

祈請上師身康泰，祈請壽命長且久，

大圓滿虛空意伏藏課誦集

祈請事業昌且盛，加持不離勝上師！

願我無邊眾，皆依此善根，
歷世罪障淨，深廣法藏中，
悉皆得解脫！

天法迴向發願文

34、天法簡略極樂世界發願文

艾瑪伙！

神奇佛陀無量光， 右側大悲觀自在，

左側菩薩大勢至， 周圍無量佛菩薩。

無量神奇安樂剎， 極樂世界為其名，

願我壽終辭世後， 不為其他世阻隔，

立即投生見佛面！ 我依此語所發願，

祈請十方佛菩薩， 加持無礙而成就！

達雅塔， 班贊哲雅阿瓦波達呢耶所哈。

自此往西有， 無量光佛剎，

何人稱名號， 即生此勝剎。

願如蓮花不染泥， 不沾三有之污垢，

脫離三有之蓮花， 投生極樂世界中

大圓滿虛空意伏藏課誦集

35、麥彭仁波切極樂願文

欲往生極樂而修持四因者，當專一明觀無量光佛法像，日誦聖號七遍等，而後：

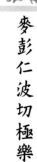

導師無量光垂念　如您所發菩提心

我發無上勝覺心　所造一切諸善根

西方極樂剎土中　生於勝王汝之前

一切廣大佛子行　為欲圓滿而迴向

此生命終於淨土　剎那化生極樂界

導師彌陀授記已　圓熟淨德願究竟

祈禱如來無量光　我發無上菩提心

一切善根皆迴向　成就往生祈加持

麥彭仁波切造。2000年11月譯於喇榮

注：1、往生四因：謂明觀福田、積資淨障、發菩提心、發清淨願。

　　2、圓熟淨三德：總括菩薩一切行處，謂圓滿六度、成熟有情相續、清淨成佛剎土。

麥彭仁波切極樂願文

36、竅訣寶藏論——恆常念誦願文

全知無垢光尊者　造

索達吉堪布　譯

願我乃至生生世世中	獲得具足七德之善趣
願我出生立即遇正法	具有如理修持之自由
願我能令上師生歡喜	日日夜夜之中行正法
願我悟法後修精華義	彼生越過三有之大海
願我能為眾生傳妙法	成辦他利無有厭倦心
願我能以無偏大事業	令諸有情一同成正覺
生生世世不離師	恆時享用勝法樂
圓滿地道功德已	唯願速得金剛持

37、前譯教法興盛之願文——法王欣悅教言

全知麥彭仁波切著

益西彭措堪布 譯

　　於末法之時，僅僅一次誠心敦請三根本聖尊，祈願教法精華如意寶興盛，亦具無量福德，且佛子宏願圓滿之後，能於生生世世值遇佛法乃至甚深密乘，並受持、護持、弘揚正法，速得遍知智慧，具此等必要故，諸位善緣者，應當經常尤其於大眾聚會時如是發願。

　　南無

祈禱十方善逝及佛子　　尤其無與倫比釋迦佛

八大菩薩十六聖尊眾　　智悲尊主勝眾作垂念

利樂源泉教法如意寶　　殊勝本師勇士諸聖眾

歷盡千辛萬苦求覓義　　祈願蓮生大師教法興

師君堪布應化譯智者　　教藏持明傳承諸本尊

三續瑪袞三大護法眾　　前譯三根本眾請垂念

佛陀一切顯宗密宗法　　以慈憫心引入雪域境

廣宏金剛誓言憶念已　　祈願蓮生大師教法興

遍時空佛身語意金剛　　三部勇士幻化遊舞力

從而明現雪域利樂日　　祈願蓮生大師教法興

佛與佛子諸大聖者眾　　隨意幻化住於遊舞相

樹起無垢佛教之寶幢　　祈願蓮生大師教法興

前譯教法興盛之願文——法王欣悅教言

一切共同不共諸教典　自在無誤翻譯校定故
首啟雪域照耀之大門　祈願蓮生大師教法興
善緣所化眾生實修持　顯密法義無需隨他轉
經及注疏諸論皆圓滿　祈願蓮生大師教法興
諦語佛教經典大海中　莊嚴甚深法藏如意寶
顯宗密宗匯融之妙道　祈願蓮生大師教法興
希奇薩霍堪布之行為　無比具德龍樹之見二
欽定雙融傳承之教規　祈願蓮生大師教法興
甚深內續三部密意髓　依靠不共竅訣勝密道
成就虹身法身極希奇　祈願蓮生大師教法興
浩瀚寂猛遍主八修部　秉承持明各自心要法
總集匯於蓮師一教規　祈願蓮生大師教法興
因果顯宗密宗廣大乘　圓滿無誤持明傳承教
空性加持暖氣未消散　祈願蓮生大師教法興
金剛持之密意甘露要　無數智成口耳相傳授
未被惡劣尋思臆造染　祈願蓮生大師教法興
嚴寶黃金為償作勾召　無法得之空行心藏法
慈憫唯傳隨學具緣者　祈願蓮生大師教法興
本體本來清淨智慧中　顯現自性自成力現故
超離盲修心之大圓滿　祈願蓮生大師教法興
遠離偏袒耽著有無緣　徹底根除邊見執著法

大圓滿虛空意伏藏課誦集

基道果三現空皆雙運　　祈願蓮生大師教法興

三世佛陀究竟之意趣　　深寂離戲光明無為法

覺空不壞金剛之宗派　　祈願蓮生大師教法興

多聞教法濃雲極密布　　摧毀邪道正理閃電現

竅訣精要甘露融入心　　祈願蓮生大師教法興

經勝阿底約嘎之捷徑　　成就一切佛陀智慧身

遍主勝妙文殊金剛尊　　祈願蓮生大師教法興

依靠真實三量大吼聲　　令住劣見群獸皆驚怖

勝乘獅子妙音遍三地　　祈願蓮生大師教法興

佛法圓滿妙衣之頂端　　光明金剛藏之頂珠嚴

勝伏諸方佛幢高聳豎　　祈願蓮生大師教法興

我等今至眾生未空際　　一切圓滿教法及精華

於遍虛空剎中持護增　　祈願蓮生大師教法興

總之依於賢智聖事迹　　弘法事業周遍虛空界

持教大德遍布世間界　　祈願蓮生大師教法興

具德上師長久住世間　　教法施主福祿極廣茂

高擎法政不衰之寶幢　　祈願蓮生大師教法興

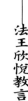

　　諸佛之本體具德如來蓮花生大士誕生於無生湖，所謂前譯寧瑪教法即是圓滿一切佛法之根本；具有眾多優越深要之特法，且見修清淨，佛陀所喜之無誤妙道。認清此點後如拭摩尼寶並將其供於勝幢頂上般，諸位具緣

者担負講辯著之廣大事業並興盛於諸方之重任，如意成
就所願之此緣起願詞，乃為於舊教有殊勝純淨意樂之麥
彭嘉揚南嘉嘉措於聖地吉時緣起賢妙午座時，不假思
索，徑直書出。賢善增長！

　　吾等祈願生生世世中　　心中蓮花微笑勝墊上
　　不離麥彭降措歡喜住　　善說聖教令滿眾生願

大圓滿虛空意伏藏課誦集

38、住世祈請文——不死成就悅耳妙音

舍！

清淨萬有天尊壇城中，　成熟解脫三門成金剛，

諸部遍主密續宣說師，　祈請金剛之王恆住世！

金剛之身不可被摧壞，　三密大樂壇城開顯者，

金剛論主最勝金剛師，　祈請闍梨百劫常住世！

無有變化自覺大樂界，　直接開示無有勤行道，

甚深圓滿竅訣照管者，　祈具德師住世至有際！

願三傳承上師継承者，　三世恆久具足金剛身，

周遍三地恆久常豎立，　三種傳承正法大勝幢！

藏曆第十五勝生周土鼠年三月初五，絳巴吉貝多傑撰寫。謹以此語祈請具足此文含義的諸位持教者，增長蓮足常住世間的緣起與廣大妙善。

願自普賢金剛持，　直至大恩根本師，

為利眾生所發願，　令自與他皆滿願！

願生安樂唯一處，　聖教長久住世間，

秉持聖教諸士夫，　壽命長久永住世！

願具德師壽長久，　量等虛空眾安樂，

自他積資淨罪障，　速登正覺佛果位！

祈請上師身康泰，　祈請壽命長且久，

祈請事業昌且盛，　加持不離勝上師！

願我無邊眾，　　皆依此善根，

歷世罪障淨，　　深廣法藏中，

悉皆得解脱！

寧瑪派佛法興盛願文：

諸佛成就菩提捷徑道　覺者極讚勝乘大圓滿

法王蓮師傳承寧瑪派　教法傳遍十方願吉祥

白玉佛法興盛願文：

印度聖地尊者羅睺羅，　藏地廿五尊中嘉雄秋，

熱康地方唐東加波尊，　根絨喜繞足前致祈請，

聖教長久住世願吉祥。

騰龍寺佛法興盛願文：

持法僧眾融睦淨戒增教證，

生圓次第如海成就行者得，

三輪事業佛法振興騰龍寺，

至劫盡時永恆不衰住世間。

此願文法王晉美彭措著

大圓滿虛空意伏藏課誦集

117

39、天法意伏藏耳傳深法類之施身修法簡略所緣次第

隆道多傑法師譯

那冒！班雜瓦 黑耶！

那麼！

三寶尊與三根本，	諸皈依處前皈依。
為令眾生皆成佛，	策發殊勝菩提心。
那冒！自己之神識，	派！自從頂門而射出。
派！變成亥母蠶豆許。	派！增大如同拇指許。
派！再增大至一肘高。	派！成遍天地亥母尊。
作勢揮動右手刀，	截取屍體天靈蓋，
置於屍體之右側，	作勢鉞刀再揮動，
剝去頭皮成顱器，	自己屍體置其中，
作勢再揮右手刀，	變為五肉五甘露。
派派自從己心間，	射出無量紅亥母，
與己相同右手中，	持盛寶勺左顱器，
供養上師與本尊。	派！供養空行護法眾。
派！供養護世諸天王。	派！供養一切非人眾。
派！供養六道諸眾生。	派！尤其對欠宿債者。
諸為害眾皆供養。	派！願我所獻此供養，
取悅上師與本尊！	空行、護法、護世王，
大眾心意皆滿足！	一切非人皆歡喜，

六道眾生皆滿足！　　所欠宿債皆償清，

諸為害眾願滿足！

派！派！派！

賓客返回自處班雜木。不緣自己、賓客與供物，本

性自然本淨大圓滿。願此善令自他皆成就！

密！密！密！

大圓滿虛空意伏藏課誦集

40、天法頗瓦常修略軌

隆道多傑譯

那冒!

三寶尊與三根本，	諸皈依處前皈依。
為令眾生皆成佛，	策發殊勝菩提心。（三遍）
自觀大悲觀自在，	身白一面四隻手，
合掌執持念珠蓮，	跏趺珍寶綢衣儼，
端居蓮花月墊上，	身內中脈如箭桿，
觀自心間紅「舍」字，	帶有小「阿」涅槃點，
其中變出六「舍」字，	斷絕六道之生門。
頭頂梵囟有孔洞，	頭頂獅座蓮月上，
紅色怙主無量光，	一面二手結定印，
捧持缽盂着法衣，	雙足彌勒之坐姿。
怙主雙足之拇趾，	觸己中脈之上端。
右側白色觀自在，	一面四手二合掌，
另二左右持蓮珠，	站立蓮花月輪上。
左側勢至金剛手，	一面二臂身藍色，
左右二手持鈴杵，	站立蓮花月輪上。
周圍無量佛菩薩，	聲聞阿羅漢圍繞。
三位主尊之三處，	三字母中放光明，
自從極樂世界中，	迎請聖眾來融入。

天法頗瓦常修略軌

120

盡量多念誦下文祈請：

艾瑪伙！

極其神奇怙主無量光，大悲觀音勢至金剛手，

我今一心專注而祈請，加持嫻熟頗瓦甚深道！

一旦我等死亡降臨時，加持神識遷往極樂國！

最後反復念誦「舍」，同時觀想关閉九門，直至觀想完成。再念誦「嘿」，觀想自心是一个白色明點，帶有「舍」字，沿中脈向上騰飛，接觸頭頂無量光佛的拇趾。念誦「噶」，觀想明點下降，居於心間月墊之上。將觀修所緣與呼吸結合在一起，心中默誦。如果不知道攝持呼吸之法，就口誦「嘿噶」觀修。如此盡力祈請，觀修之後，念誦下文發願：

艾瑪伙！

神奇佛陀無量光，右側大悲觀自在，

左側菩薩大勢至，周圍無量佛菩薩。

無量神奇安樂剎，極樂世界為其名。

願我壽終辭世後，不為其他世阻隔，

立即投生見佛面！我依此語所發願，

祈請十方佛菩薩，加持無礙而成就！

成就所願咒：

代雅塔 班雜 指雅阿瓦波達內耶索哈。

大圓滿虛空意伏藏課誦集

121

從無量光佛手中缽內流下無死長壽甘露，充盈自身。

艾瑪伙！

圓滿佛陀無量光，大悲觀音大勢至，

以及無量佛菩薩，我以恭敬心頂禮，

祈賜長壽之成就！

嗡阿吽 阿美得瓦 阿玉色德吽。

盡力念誦一百或二十一遍等。詳細而言，還要進行攝壽觀修。最後：觀想無量光佛主眷化光融入自己，梵囟處被「杭」字和十字金剛杵封閉。

願此妙喜佛會中，極美蓮花中降生，

我於其剎亦獲得，無量光佛親授記。

願我獲得授記後，以百千萬變化身，

依此心力於十方，廣大利益諸有情。

文殊勇父如實知，普賢菩薩亦如是，

我今隨學彼二尊，迴向如此一切善。

三世一切正等覺，普同盛讚此迴向，

我此一切諸善根，悉皆迴向普賢行！

詳細而言，還可以念誦《極樂世界發願文》等迴向發願，結束修持。依照前輩聖者的法語，土登巴絨編寫。

天法頗瓦常修略軌

41、放生儀軌甘露妙藥

索達吉堪布輯

頂禮根本上師蓮足！

把所放之眾生置於一處，大眾一起念誦：皈依、發心、三遍

諸佛正法賢聖三寶尊　　　　從今直至菩提永皈依

我以所修施等諸資糧　　　　為利有情故願大覺成

發四無量心、一遍

願諸眾生永具安樂及安樂因

願諸眾生永離眾苦及眾苦因

願諸眾生永具無苦之樂、我心喜悅

願諸眾生遠離貪嗔之心、住平等捨。

供養偈：並觀想將此眾生供養於諸佛菩薩，一遍

諸佛菩薩垂念我　　　　乃至究竟菩提果

此等眾生作供養　　　　祈以悲憫而納受

念誦心經、一遍

觀自在菩薩行深般若波羅蜜多時，照見五蘊皆空，度一切苦厄。舍利子，色不異空，空不異色，色即是空，空即是色。受想行識，亦復如是。舍利子，是諸法空相，不生不滅，不垢不淨，不增不減。是故空中無色，無受想行識，無眼耳鼻舌身意，無色聲香味觸法，無眼界，乃至無意識界，無無明，亦無無明盡，乃至無

大圓滿虛空意伏藏課誦集

老死，亦無老死盡，無苦集滅道，無智亦無得。以無所得故。菩提薩埵依般若波羅蜜多故，心無挂礙，無挂礙故，無有恐怖，遠離顛倒夢想，究竟涅槃。三世諸佛依般若波羅蜜多故，得阿耨多羅三藐三菩提。故知般若波羅蜜多，是大神咒，是大明咒，是無上咒，是無等等咒。能除一切苦，真實不虛。故說般若波羅蜜多咒，即說咒曰。

揭諦揭諦，波羅揭諦，波羅僧揭諦，菩提娑婆訶。

誦佛菩薩名號、各三或七遍：

頂禮、供養、皈依出有壞善逝應供正等覺本師釋迦牟尼佛

頂禮、供養、皈依出有壞善逝應供正等覺善名稱吉祥王如來

頂禮、供養、皈依出有壞善逝應供正等覺寶月蓮智嚴光音自在王如來

頂禮、供養、皈依出有壞善逝應供正等覺金色寶光妙行成就如來

頂禮、供養、皈依出有壞善逝應供正等覺無憂最勝吉祥如來

頂禮、供養、皈依出有壞善逝應供正等覺法海雷音如來

頂禮、供養、皈依出有壞善逝應供正等覺法海勝慧

放生儀軌甘露妙藥

遊戲神通王如來

　頂禮、供養、皈依出有壞善逝應供正等覺藥師琉璃
光王如來

　頂禮、供養、皈依出有壞善逝應供正等覺西方極樂
世界阿彌陀佛

　頂禮、供養、皈依出有壞善逝應供正等覺寶髻佛

　頂禮、供養、皈依文殊菩薩

　頂禮、供養、皈依地藏王菩薩

　頂禮、供養、皈依彌勒菩薩

　頂禮、供養、皈依觀世音菩薩

　頂禮、供養、皈依除蓋障菩薩

　頂禮、供養、皈依金剛手菩薩

　頂禮、供養、皈依普賢菩薩

　頂禮、供養、皈依虛空藏菩薩

誦咒：各數十遍或一百零八遍

　釋迦牟尼佛心咒：

嗡　摩尼摩尼瑪哈摩尼耶所哈

　觀世音菩薩心咒：

嗡　嘛呢叭美吽　啥

　彌陀心咒：

嗡　阿彌德瓦阿依斯德吽　啥

　往生咒：

大圓滿虛空意伏藏課誦集

125

南無阿彌多婆夜 哆他伽多夜 哆地夜他阿彌利都婆毗 阿彌利哆悉耽婆毗 阿彌利哆毗迦蘭帝 阿彌利哆毗迦蘭多 伽彌膩 伽伽那 枳多迦利娑婆訶

緣起咒：

嗡耶達_兒瑪嘿德抓巴瓦 嘿敦得堪達塔嘎多哈雅巴達 得堪匝友呢若達 旺巴德瑪哈夏_兒瑪納索哈

偈頌

諸法從緣生　如來說是因

彼法因緣盡　是大沙門說

諸惡莫作　　諸善奉行

自淨其意　　是諸佛教

迴向文一遍

　　此福已得一切智　摧伏一切過患敵

　　生老病死猶湧濤　願度有海諸有情

注：1、若時間充裕，能誦念《普賢行願品》中偈頌部分（從「所有十方世界中，三世一切人獅子，……」到「普願沉溺諸眾生，速往無量光佛刹。」終）與《大圓滿基道果無二之發願文》，則最為殊勝。

　　2、念誦聲音應盡量令所放眾生聽見，若有甘露丸則化水洒於眾生身上為佳。

放生儀軌甘露妙藥

42、吉祥偈

願我從今乃至世世中　上師殊勝本尊予攝受
三學功德海藏得自在　易成弘法利生大事業
深寂離戲光明無為法　證悟猶如甘露法性義
以隨所化善巧方便行　願得度化無邊眾生力
金剛上師住世所願成　僧團興旺講修教法盛
眷屬施主財福皆圓滿　教法長久住世願吉祥
本傳上師加持入心間　本尊攝受獲得眾悉地
空行護法如影相伴隨　所欲任運成就願吉祥
樹立無畏前譯教法幢　傳揚勝利教證法鼓聲
理智之道獅吼遍三界　無等吉祥光芒照十方
具足三學披奉壞色衣　眾會僧伽此處遍充滿
講修事業恆遍有邊際　教法增盛諸方願吉祥

43、勝利道歌

法王如意寶晉美彭措　著

索達吉堪布　譯

怙主諸佛智慧身，　文殊師利童子尊，

恆住八瓣蓮蕊心，　所言願利諸有情。

甚深光明大圓滿，　僅聞詞句斷有根，

六月修要得解脫，　唯此銘刻於心中。

遇此勝法善緣眾，　前世累劫積資果，

與普賢王同緣分，　諸道友當生歡喜。

為沉恐怖輪迴眾，　獲得永樂之佛果，

當負利他之重任，　捨棄愛自如毒食。

以此可阻惡趣門，　亦可獲得善趣樂，

趣至究竟解脫地，　切莫散亂修此要。

於諸輪迴之盛事，　不起羨慕之心念，

當持人天供養處，　殊勝嚴飾之淨戒。

一切增上定勝樂，　悉皆依此而生故，

倘若破戒墮惡趣，　切莫迷惑當取捨。

言行恆時隨順友，　秉性正直心善良，

若欲長久利己者，　暫時利他乃竅訣。

此乃清淨人規法，　三世諸佛方便道，

亦為四攝之精華，　諸位弟子切莫忘！

勝利道歌

以此善根願諸眾，超越輪迴之深淵，

令諸心子皆歡喜，往生西方極樂剎。

第十七勝生周丙子年公元1996年9月21日，我等師徒遣除內外密諸違緣，阿旺羅珠宗美於慶祝勝利之吉日，近五千僧人中，即性而唱，善哉

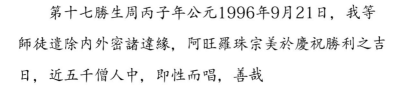

大圓滿虛空意伏藏課誦集

44、修心八頌

朗日塘巴尊者　著

索達吉堪布　譯

願我以勝如意寶，　饒益他眾之意樂，

時時刻刻倍珍愛，　輪迴一切諸有情。

願我交往何人時，　視己較眾皆卑下，

誠心誠意又真摯，　尊重他人獻愛心。

願我恆常觀自心，　煩惱忘念初生時，

毀壞自己他眾故，　立即強行而斷除。

願我目睹惡劣眾，　造罪遭受劇苦時，

猶如值遇珍寶藏，　以難得心愛惜之。

願我於諸以嫉妒，　非理誹謗本人者，

虧損失敗自取受，　利益勝利奉獻他。

願我於昔曾利益，　深切寄以厚望者，

彼縱非理而陷害，　亦視其為善知識。

願我直接與間接，　利樂敬獻諸慈母，

老母有情諸苦厄，　自己默默而承受。

願我所行此一切，　不為八法念垢染，

了知諸法皆如幻，　解脫貪執之束縛。

此修心八頌乃無量光佛之化身朗日塘巴尊者撰寫。

薩瓦芒嘎朗。

（譯於二零零一年六月一日。）

45、佛子行

無著菩薩　著

索達吉堪布　譯

納摩羅给效曷雅！

雖見諸法無來去，　然唯精勤利眾者，

勝師怙主觀音前，　三門恆時敬頂禮。

利樂之源諸佛陀，　修持正法而成就，

亦依了知其行故，　於此宣說佛子行。

已獲暇滿大舟時，　為自他渡輪迴海，

日日夜夜不懈怠，　聞思修持佛子行。

貪戀親方如沸水，　嗔恨敵方如烈火，

遺忘取捨遇暗者，　拋棄故鄉佛子行。

離惡境故惑漸輕，　無散亂故善自增，

淨心於法生定解，　居於靜處佛子行。

長伴親友各分離，　勤積之財留後世，

識客終離身客店，　捨棄今世佛子行。

交往惡人增三毒，　失壞聞思修事業，

令成無有慈悲者，　遠離惡友佛子行。

依止正士滅罪業，　功德增如上弦月，

殊勝上師較自身，　更為珍愛佛子行。

己尚縛於輪迴獄，　世間天神能救誰？

故知殊勝無欺處，皈依三寶佛子行。

佛說難忍惡趣苦，皆為惡業之果報，
是故縱遇生命難，永不造罪佛子行。

三有樂如草尖露，乃是瞬間壞滅法，
了知恆時無變法，希求解脫佛子行。

無始時來慈我者，諸母若苦自何樂？
是故為度無邊眾，發菩提心佛子行。

諸苦由求自樂生，圓滿正覺利他成，
是故己樂與他苦，真實相換佛子行。

何人以大貪欲心，奪或令奪我諸財，
自身受用三世善，迴向於他佛子行。

我雖無有些微錯，何人若斷吾頭顱，
然以悲心將彼罪，自身代受佛子行。

有者百般中傷吾，惡名縱遍三千界，
然我深懷慈愛心，讚其功德佛子行。

何人大庭廣眾中，揭露吾過出惡語，
於彼亦作上師想，恭敬頂禮佛子行。

吾如自子愛護者，彼縱視我如怨敵，
猶如慈母於病兒，尤為鄰愛佛子行。

與我等同或下士，雖以傲慢而凌辱，
然吾敬其如上師，恆時頂戴佛子行。

佛子行

貧窮恆常受人欺，且為重疾惡魔逼，
眾生罪苦自代受，無有怯懦佛子行。

美名遠揚眾人敬，亦獲財如多聞子，
然見世福無實義，毫無傲慢佛子行。

自嗔心敵若未降，降伏外敵反增強，
故以慈悲之軍隊，調伏自心佛子行。

一切妙欲如鹽水，愈享受之愈增貪，
令生貪戀諸事物，即刻放棄佛子行。

一切境現唯心造，心性本來離戲邊，
了達此理於二取，皆不作意佛子行。

逢遇悅意對境時，視如夏季之彩虹，
雖顯美妙然無實，斷除貪執佛子行。

諸苦如同夢子死，迷現執實誠疲憊，
是故遭遇違緣時，視為幻相佛子行。

獲得菩提身尚捨，何況一切身外物，
故不圖報異熟果，慷慨布施佛子行。

無戒自利尚不成，欲成他利誠可笑，
故於三有無希求，守護淨戒佛子行。

於求妙果之佛子，一切損害如寶藏，
故於諸眾無怨恨，修持安忍佛子行。

唯成自利小乘士，勤如撲滅燃頭火，

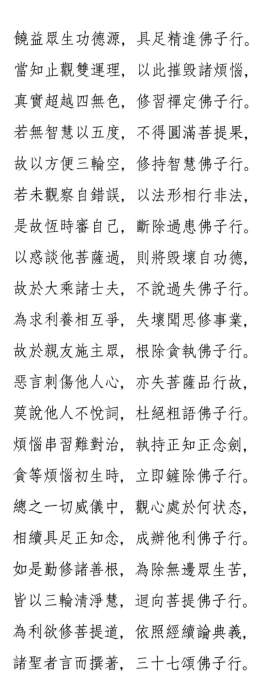

饒益眾生功德源，　具足精進佛子行。

當知止觀雙運理，　以此摧毀諸煩惱，
真實超越四無色，　修習禪定佛子行。

若無智慧以五度，　不得圓滿菩提果，
故以方便三輪空，　修持智慧佛子行。

若未觀察自錯誤，　以法形相行非法，
是故恆時審自己，　斷除過患佛子行。

以惑談他菩薩過，　則將毀壞自功德，
故於大乘諸士夫，　不說過失佛子行。

為求利養相互爭，　失壞聞思修事業，
故於親友施主眾，　根除貪執佛子行。

惡言刺傷他人心，　亦失菩薩品行故，
莫說他人不悅詞，　杜絕粗語佛子行。

煩惱串習難對治，　執持正知正念劍，
貪等煩惱初生時，　立即鏟除佛子行。

總之一切威儀中，　觀心處於何狀态，
相續具足正知念，　成辦他利佛子行。

如是勤修諸善根，　為除無邊眾生苦，
皆以三輪清淨慧，　迴向菩提佛子行。

為利欲修菩提道，　依照經續論典義，
諸聖者言而撰著，　三十七頌佛子行。

因吾慧淺無修行，　雖無智者所喜詞，

然依諸多經論故，　此佛子行定無謬。

而諸佛子廣大行，　如我愚者難測故，

相違不符等諸過，　諸聖者前祈寬恕。

以此善願眾有情，　以勝世俗菩提心，

等同不住有寂邊，　大悲怙主觀自在。

此佛子行是為利益自他，教理法師無著於水銀寶洞撰寫。

（譯於二零零一年五月二十日。）

大圓滿虛空意伏藏課誦集

46、三主要道論

宗喀巴大師　著

索達吉堪布　譯

頂禮諸至尊上師！

我隨己力而宣說，欲解脫者之津梁，

諸佛經典精華義，一切菩薩所讚道。

不貪三有之安樂，為使暇滿身具義，

勤依佛悅之正道，具緣者當喜諦聽！

無有清淨出離心，求有海樂無寂法，

貪執世間束縛眾，故當首先尋出離。

人生難得壽無常，修此可斷今生執，

無欺業果輪迴苦，修此可斷後世執。

修後於諸輪迴福，剎那不生羨慕心，

日夜欲求得解脫，爾時已生出離心。

倘若於此出離心，未以菩提心攝持，

不成菩提樂因故，智者當發菩提心。

思為猛烈四瀑沖，難擋業索緊束縛，

困於我執鐵網內，無明黑暗所籠罩，

輾轉投生三有中，不斷感受三大苦，

成此慘狀諸慈母，是故當發殊勝心。

不具證語實相慧，縱修出離菩提心，

亦不能斷三有根，　故當勤證緣起法。

誰見輪涅一切法，　永無欺惑之因果，

滅除一切所緣境，　此人踏上佛喜道。

何時分別各執著，　無欺緣起之顯現，

遠離所許之空性，　爾時未證佛密意。

一旦無有輪翻時，　現見無欺之緣起，

斷除一切執著相，　爾時見解即圓滿。

了知以現除有邊，　以空遣除無有邊，

緣起性空顯現理，　不為邊執見所奪。

如是三主要道論，　自己如實通達時，

當依靜處而精進，　速修永久之佛果。

此乃多聞比丘羅桑札巴「宗喀巴」對侄兒阿旺札巴之教言。

（譯於二零零零年十月。）

大圓滿虛空意伏藏課誦集

137